Inhalt

Erfurter Altstadtpanorama: Blick von der Ägidienkirche ⓭

Zeichenerklärung

★★★ nicht verpassen
★★ besonders sehenswert
★ wichtig für speziell interessierte Besucher

[A1] Planquadrat im Kartenmaterial. Orte ohne diese Angabe liegen außerhalb unserer Karten. Ihre Lage kann aber wie die von allen Ortsmarken mithilfe der begleitenden Web-App angezeigt werden (Seite 144).

Updates zum Buch

www.reise-know-how.de/citytrip/erfurt19

Vorwahlen

- **Deutschland:** 0049
- **Erfurt:** 0361
- **Weimar:** 03643

In diesem Buch sind alle Telefonnummern **ohne Ortsvorwahl** angegeben.

Erfurt und Weimar, Thüringens historische Mitte

Thüringen wird gerne etwas plakativ als das „**grüne Herz Deutschlands**" bezeichnet. Doch dies ist nur die halbe Wahrheit, denn der Thüringer Wald mit seinen herrlichen Wanderwegen entlang des berühmten Rennsteigs dominiert vor allem den Südteil des Freistaats. Nördlich des Waldes liegt die „**Thüringer Städtekette**": Wie Perlen auf einer Schnur reihen sich historisch bedeutsame Orte aneinander. Hier befinden sich das idyllische Eisenach mit der weltbekannten Wartburg – der Geburtsort Johann Sebastian Bachs –, die alte Herzogsstadt Gotha mit dem majestätischen Schloss Friedenstein, die dynamische Universitätsmetropole Jena, die Theaterstadt Gera und das historisch bedeutsame Altenburg. Obgleich all diese Orte einen Besuch wert sind, liegen sie doch immer etwas im Schatten der zwei **Schmuckstücke der „Perlenkette": Erfurt und Weimar.**

Stadtansicht Erfurts aus der Schedel'schen Weltchronik (1493)

Historisch gesehen mag das vor allem daran liegen, dass gerade diese beiden Orte die Thüringer Region stark beeinflussten – jeder Ort zu seiner Zeit und auf seine ganz eigene Art und Weise. Erfurt und Weimar sind dabei zwei Städte, die eng miteinander verbunden und doch Konkurrenten sind. Gemein haben sie, dass sich **berühmte Persönlichkeiten** der Weltgeschichte an beiden Orten gewissermaßen die Klinke in die Hand gaben. Da **Erfurt** bis ins 17. Jh. hinein eine bedeutende, stark **kirchlich geprägte Wirtschaftsmetropole** mit **einflussreicher Universität** war, waren hier vor allem Theologen, Gelehrte und Kaufleute zu Gast. Im Gegensatz zu Erfurt spielte der Handel in **Weimar** keine große Rolle. Das beschauliche Residenzstädtchen entwickelte sich allerdings ab dem 18. Jh. zu einem europaweit bekannten **Zentrum der Kunst und Kultur**, wobei die Zusammenarbeit zwischen Herzog Carl August (1757–1828) und Johann Wolfgang von Goethe (1749–1832) von wegweisender Bedeutung war. Politisch ins Rampenlicht rückte Weimar nach

002ew

dem Ende des Ersten Weltkriegs 1919, als hier die **Erste demokratische Reichverfassung** verabschiedet und der Ort Hauptstadt des neu gegründeten Landes Thüringen wurde.

Nach der Wende ernannte man jedoch **Erfurt** zum **Regierungssitz des Bundeslandes.** Da die Stadt zudem äußerst zentral gelegen ist, laufen hier infrastrukturell und politisch alle Fäden zusammen. Weimar hingegen glänzt noch immer in Sachen Kunst und Kultur und tritt diversen Kürzungs- und Sparmaßnahmen stets mit viel Kreativität entgegen. Doch auch jenseits von Kultur, Wirtschaft und Politik sind die **Unterschiede** zwischen Erfurt und Weimar **deutlich sichtbar.** Dominieren die Landeshauptstadt eine Unmenge von Kirchen, Kirchtürmen und stattlichen Bürgerhäusern, so findet man in Weimar eher Schlösser und Villen. Geht es in Erfurt recht lebendig zu, so ist Weimar eher ein bisschen still und verträumt.

Geschichtlich wie architektonisch bieten beide Städte spannende Entdeckungen und natürlich kommt man auch **kulinarisch** auf seine Kosten, den Thüringer Spezialitäten wie Rostbratwurst und Klößen sei Dank.

Zur richtigen Zeit am richtigen Ort

- **Ganzjährig (Erfurt):** Die evangelische Kirche veranstaltet in diversen Kirchen der Stadt ganzjährig Konzerte (meist Sa und So). Über das Programm informiert die Website www.kirchenmusik-erfurt.de.

Januar bis Juni

- **März–Mai (Weimar):** Das **Bücherfest „Lesarten"** bietet Autorenlesungen, Lyrik und Filme. Es gibt auch ein eigenes Kinderprogramm. Weitere Informationen: www.lesarten-weimar.de.
- **Mitte März (Erfurt): Lange Nacht des Klezmer** in der Reglerkirche (s. S. 21), www.lange-naechte.erfurt.de
- **April (Erfurt):** Der traditionelle **Erfurter Töpfermarkt** findet zwischen Fischmarkt (6) und Wenigemarkt (14) statt. An über 70 Ständen sind hochwertige Töpferwaren erhältlich. Näheres erfährt man unter www.erfurt-tourismus.de (unter „Märkte und Feste" rechts).
- **Mitte April–Anf. Mai (Erfurt/Weimar):** Konzerte anlässlich der **Thüringer Bachwochen.** Orgelmusik, Symphoniekonzerte, Jazz. www.thueringer-bachwochen.de.
- **Pfingsten (Weimar): „Pfingst.Festival"** auf Schloss Ettersburg (95) mit Theater, Jazz, Soul und Vorlesungen. Weitere Infos liefert die Website www.schloss ettersburg.de (unter „Pfingst.Festival").
- **Pfingstsonntag (Erfurt): Bayou Festival** am Nordstrand (nordöstlich des Zentrums). Elektro und Entspannung am Seeufer, www.bayou-festival.de.
- **Mai–Mitte Juni (Weimar):** Das **Köstritzer Spiegelzelt** wird alljährlich auf dem Beethovenplatz aufgebaut. Das privat finanzierte Festival bietet Musik, Theater und Kabarett. Nähere Infos: www.koestritzer-spiegelzelt.de.
- **Juni (Erfurt):** Das legendäre **Krämerbrückenfest** ist eines der größten Altstadtfeste Deutschlands, in dessen Zentrum die Krämerbrücke (11) steht. Am dritten Wochenende im Juni treffen sich Musiker, Gaukler, Artisten und Händler in Erfurt; es gibt einen großen Mittelaltermarkt. Zusätzliche Infos: www.erfurt-tourismus.de (unter „Märkte und Feste").
- **Ende Mai/Anf. Juni (Erfurt und Weimar):** In beiden Städten lockt die **Museumsnacht.** Alle Museen haben bis 24 Uhr

geöffnet – in Erfurt am Freitag, in Weimar am Samstag. Informationen bieten die Internetseiten www.lange-naechte.erfurt.de und www.weimar-tourist.de/museumsnacht.

Juli bis September

- **Juli (Weimar):** Die **Bach Biennale** wartet alle zwei Jahre mit experimentierfreudiger Musik auf. Wegen des Bauhaus-Jubiläums findet es in zwei aufeinanderfolgenden Jahren statt (auch 2019), danach wieder im 2-Jahres-Rhythmus. www.bachbiennaleweimar.de
- **Juli (Erfurt):** Alle zwei Jahre (2020, 2022) findet in Erfurt das **Puppentheaterfestival „Synergura"** statt, bei dem Puppenspieler aus aller Welt im Theater Waidspeicher (s. S. 72) auftreten. Zusätzliche Informationen: www.waidspeicher.de (Menü oben).
- **Juli/August (Erfurt und Weimar):** Der **MDR-Musiksommer** ist ein klassisches Musikfestival in ganz Mitteldeutschland. Einige der exzellenten Konzerte finden in Erfurt und Weimar statt. Nähere Infos: www.mdr.de/musiksommer.
- **Juli (Weimar):** Die **Weimarer Meisterkurse** sind ein zweiwöchiges Forum für den internationalen Musiknachwuchs. Mehrmals täglich Konzerte unterschiedlicher Genres, meist in der Hochschule für Musik Franz Liszt. Mehr unter www.hfm-weimar.de/weimarer-meisterkurse.
- **Juli/Aug. (Erfurt):** Die **DomStufen-Festspiele** bieten opulente Theateraufführungen vor der imposanten Kulisse von Dom St. Marien 39 und Severikirche 40. Zusätzliche Infos auf www.domstufen.de.
- **Juli/Aug. (Weimar):** Das Festival **Yiddish Summer** präsentiert jüdische Musik in all ihren Facetten, dazu Workshops. Näheres auf www.yiddishsummer.eu.
- **Juli/Aug. (Weimar):** Aufführungen im Rahmen des **Sommertheaters Tiefurt** auf der Naturbühne im Schlosspark Tiefurt 94. Mehr erfährt man unter https://kultur-in-tiefurt.de/Sommertheater.
- **Aug. (Erfurt):** Jedes Jahr Anfang August verwandelt sich der egapark 49 beim **Lichterfest** in ein Lichtermeer. Auf diversen Bühnen treten Performancekünstler auf. Mehr Infos: www.egapark-erfurt.de (unter „Jahresprogramm"/„Veranstaltungen im August").
- **23. Aug. (Weimar):** Anlässlich von **Goethes Geburtstag** wird die Klassikerstadt Schauplatz diverser Veranstal-

KURZ & KNAPP

100 Jahre Bauhaus

2019 ist es 100 Jahre her, dass Walter Gropius (1883–1969) weltweit angesehene Künstler wie Lyonel Feininger, Paul Klee und Wassily Kandinsky an die neu gegründete Kunstschule nach Weimar holte. Diese wurde zur Heimstätte der Klassischen Moderne. Bis zum endgültigen Verbot des Bauhauses durch die Nationalsozialisten im Jahr 1933 prägte die modernistische Strömung Kunst, Kunsthandwerk und Architektur in Deutschland, aber auch in anderen europäischen Ländern und den USA. Architektur wurde als Gesamtkunstwerk begriffen, das mit den anderen Künsten interagieren sollte. Dominante Baumaterialien waren Glas, Beton und Stahl in kubistischer, reiner Struktur.

Beispiele für das Moderne Bauen:

- **Erfurt:** Schellhornhaus (Neuwerkstraße 2), DHV-Haus (Anger 81), Sparkasse (Anger 25), AOK (Augustinerstr. 38), Margaretha-Reichardt-Haus (Am Kirchberg 32, Bischleben)
- **Weimar:** Henry van de Veldes „Haus Hohe Pappeln" 92

tungen wie Konzerte und Lesungen. Die Internetseite www.klassik-stiftung.de informiert.

- **Aug./Sept. (Weimar):** Das **Kunstfest Weimar** widmet sich den verschiedenen Gesichtern Weimars, der Zeit der Klassik und den zwei Diktaturen. Theater, Tanz, Konzerte, Ausstellungen, vorwiegend im Nationaltheater 52. Näheres unter www.kunstfest-weimar.de.
- **Sept. (Weimar):** Der **Töpfermarkt Weimar** ist eine Veranstaltung der Thüringer Töpferinnung und bietet hochwertiges Kunsthandwerk feil. Zusätzliche Infos: www.weimar.de (unter „Kultur & Freizeit"/ „Märkte und Feste").
- **Sept. (Erfurt):** Die **Erfurter Kirchenmusiktage** stehen unter der Leitung des Bistums. Konzerte für Orgel und Trompete sowie Choräle.

004ew Abb.: fo©LianeM, stock.adobe.com

Oktober bis Dezember

- **Okt.–Nov. (Erfurt und Weimar):** Die **Jazzmeile Thüringen** ist ein einzigartiges Festival mit außergewöhnlichen Konzerten. Veranstaltungen in beiden Städten, u. a. Erfurter Jazzwanderung durch die Stadt. Weitere Informationen: www.jazzmeile.org.
- **Okt. (Weimar):** Der berühmte **Weimarer Zwiebelmarkt** findet bereits seit 1653 statt. Einst deckten sich die Bürger hier mit Zwiebeln und Gemüse für den Winter ein. An dem einen oder anderen der 600 Stände wird noch heute der bekannte Weimarer Zwiebelzopf angeboten. Informationen auf www.weimar.de/zwiebelmarkt.
- **10. Nov. (Erfurt):** Am Vorabend des Martinstags lässt sich auf dem Domplatz 37 die große **„Martini"-Feier** erleben. Der ökumenische Gottesdienst wird von rund 10.000 Gläubigen besucht. Tausende Kinder ziehen anschließend mit ihren Laternen durch die Stadt und fragen nach Süßigkeiten.
- **Ende Nov.–Dez. (Erfurt und Weimar):** Beide Städte richten traditionelle **Weihnachtsmärkte** aus, wobei der Erfurter, zu Füßen des Dombergs und auf den Märkten der Altstadt, einer der größten und romantischsten Deutschlands ist.

Der Erfurter Weihnachtsmarkt

ERFURT

005ew Abb.: ms

Erfurt verstehen

Erfurt – ein Porträt

Erfurts perfekte Lage am **Kreuzungspunkt zweier mächtiger Handelsstraßen**, am Rande des fruchtbaren Thüringer Beckens und der bewaldeten Anhöhen des Steigers, ließ Martin Luther einst voll Bewunderung sagen: „Erfurt steht am besten Orte [...]. Da muss eine Stadt stehen".

Kein Wunder also, dass sich der Ort über Jahrhunderte hinweg prächtig entwickeln konnte. Kaufleute pflegten Handelsbeziehungen mit nahezu allen bedeutenden Städten Europas; man exportierte **Waid**, das beliebte **mittelalterliche Blaufärbemittel** (s. S. 48), und importierte Tuche und Gewürze. Der bekannte Rechenmeister **Adam Ries** ließ hier seine ersten Rechenbücher drucken und die Erfurter Universität erlangte Weltruhm. Die Stadt war abwechselnd unter Mainzer, schwedischer, französischer oder preußischer Herrschaft und Schauplatz bedeutender Reichstage, des Fürstenkongresses 1808 (s. S. 34) und des Unionsparlaments 1850 (s. S. 38). Hier war es auch, wo Willy Brandt 1970 die neue Ostpolitik einleitete (s. Erfurter Gipfeltreffen S. 21).

Von der **wechselvollen Geschichte** zeugt heute noch die historische Altstadt mit ihren stattlichen Bürgerhäusern aus der Zeit der Renaissance, den unzähligen mittelalterliche Kirchen, den kleinen Fachwerkhäusern und reich verzierten Jugendstilfassaden. Erfurt ist ein umfassendes **architektonisches Bilderbuch**, das alle Facetten der Baukunst widerspiegelt.

Den besten Überblick hat man vom **„Balkon der Stadt"**, der **Zitadelle Petersberg** 41, einer monumentalen Festungsanlage am Rande des Zentrums. Unterhalb des Petersbergs erstreckt sich der weitläufige **Domplatz** 37, der vom imposanten Ensemble aus **Dom St. Marien** 39 und **Severikirche** 40 geprägt wird. Hinter den Kirchenbauten ist neben dem Grün des nahen Stadtwaldes auch ein **Wall aus Neubauten** der sozialistischen Ära zu sehen. Diese umschließen die Innenstadt wie eine moderne Stadtmauer – ein Effekt, der durch-

◁ Vorseite: Blick über den Domplatz 37 und Erfurts Altstadt

KURZ & KNAPP

Erfurt in Zahlen

- **Gegründet:** 742
- **Einwohner:** 214.000
- **Bevölkerungsdichte:** 795 Einwohner/km²
- **Fläche:** 269,17 km²
- **Höhe ü. M.:** 195 m
- **Anzahl der Bühnen:** 14

aus gewollt war. Sieht man einmal von diesen Gebäuden ab, so ergibt sich ein überaus harmonisches Bild mit **roten Ziegeldächern, schlanken Türmen** und **farbenfrohen Fassaden.**

Bei einem Rundgang durch die verwinkelten Gassen gelangt man über kurz oder lang zu der mit 32 Häusern bebauten **Krämerbrücke** 11. Unter ihr fließt **die Gera** hindurch, ein kleiner, das Stadtbild prägender Fluss mit vielen Inseln und teils naturbelassenen Ufern.

Sieht man einmal von der allseits präsenten Straßenbahn ab, ist Erfurts Zentrum **verkehrsberuhigt** und lässt sich **hervorragend zu Fuß erkunden.** Zwei Hauptachsen führen durch die Stadt: der Anger 1 auf der einen sowie Marktstraße 35 und Schlösserstraße 4 auf der anderen Seite.

Geschichte

Um 450 Der Raum Erfurt wird zum Machtzentrum des germanischen Stammes der Thuringi (lat. für Thüringer). Erste Dörfer entstehen unterhalb des Petersbergs 41.

531 Zerschlagung des Reiches der Thüringer durch die Franken und Sachsen

742 Gründung der Stadt und des Bistums Erfurt durch den Mainzer Bischof Bonifatius (um 673–um 754)

755 Vereinigung des Bistums Erfurt mit dem Bistum Mainz

805 Karl der Große (um 748–814) erklärt das an der Handelsstraße Via Regia (s. S. 23) gelegene Erfurt zum Grenzhandelsplatz des Frankenreiches.

936 Reichstag auf dem Petersberg. Heinrich I. ernennt seinen Sohn Otto I. (912–973) zum Nachfolger.

1084 Baubeginn der Alten Synagoge 32

1117 Erste Erwähnung der Krämerbrücke 11 und des Domes St. Marien 39

1212 Ein eigenständiger Erfurter Rat wird gegründet. Ausübung von Stadtrechten wie Markthoheit und Gerichtsbarkeit.

Monumental überragen Dom 39 und Severikirche 40 die Stadt

006ew Abb.: ms

007ew Abb.: ms

13. Jh. Entwicklung zu einem mächtigen Handels- und Bildungszentrum. Der Anbau von Waid (s. S. 48) und der Handel damit florieren.

1349 Pestpogrom und Zerschlagung der jüdischen Gemeinde

1392 Gründung der Erfurter Universität. Erfurt entwickelt sich zur bedeutendsten Bildungsstadt des Heiligen Römischen Reiches Deutscher Nation.

1480 Erfurt ist mit 19.000 Einwohnern eine der zehn größten Städte des Heiligen Römischen Reiches.

Ende 15. Jh. Beginn des wirtschaftlichen Niedergangs, weil Handelswege verlagert werden. Der Buchdruck erobert Erfurt.

1501 Martin Luther (1483–1546) studiert in Erfurt und tritt 1505 in das Augustinerkloster 20 ein.

1521 Luther hält eine einflussreiche Predigt in Erfurt; anschließend kommt es zu Übergriffen auf kirchliche Einrichtungen (Pfaffensturm).

Das Wappen Erfurts während der Kurmainzer Herrschaft

1530 Konfessionelle Neuordnung der Stadt: Trennung in acht evangelische und acht katholische Gemeinden. Aufgrund der vielen Gotteshäuser spricht man vom „Thüringischen Rom".

Mitte 16. Jh. Dank des zunehmenden Waidhandels erlebt Erfurt einen wirtschaftlichen Aufschwung. Es entstehen viele Bürgerhäuser im Renaissancestil, u. a. am Fischmarkt 6.

1572 Erfurter Teilung: Beginn der Thüringer Kleinstaaterei durch Aufteilung der Gebiete unter verschiedenen Erben.

1591 Auf dem Fischmarkt wird der „Römer" aufgestellt.

1664–1800 Erfurt fällt vollständig unter kurmainzische Herrschaft. Der gewerbsmäßige Gartenbau beginnt.

1806–1814 Erfurt wird kampflos an die Truppen Napoleons (1769–1821) übergeben und Teil Frankreichs.

1808 Fürstenkongress im Kaisersaal 16

1814–1850 Napoleon unterliegt in der Völkerschlacht bei Leipzig. Erfurt wird preußisch. Die Universität wird 1816 geschlossen und Erfurt zur Festungsstadt ausgebaut.

1850 Tagung des Unionsparlaments (s. S. 38) im Augustinerkloster. Die Industrialisierung nimmt zu.

Ab 1873 Schleifen der Festungsmauern und Anlage des Flutgrabens zum Hochwasserschutz

1906 Erfurt zählt 100.000 Einwohner und wird Großstadt. Am Anger 1 entstehen mondäne Bürgerhäuser.

1920 Gründung des Freistaates Thüringen. Aufgrund des Widerstandes der preußischen Gebiete gehört Erfurt nicht dazu.

1938–1945 Erfurt ist Sitz einer der größten Garnisonen des Dritten Reiches. Im Zweiten Weltkrieg wird Erfurt nur relativ wenig zerstört; weite Teile der Altstadt bleiben erhalten. Am Ende des Krieges wird die Stadt durch amerikanische Truppen befreit, anschließend wird das Gebiet an die Rote Armee übergeben.

1952 Die DDR wird verwaltungsrechtlich in 14 Bezirke aufgeteilt. Erfurt wird Bezirkshauptstadt.

1961 Die Internationale Gartenbauausstellung der sozialistischen Länder (iga) findet auf dem Gelände des heutigen egaparks 49 statt. Erfurt erhält den Beinamen „Blumenstadt".

1961–1989 Die mikroelektronische Industrie siedelt sich an. Bau großer Neubauviertel bei gleichzeitigem Verfall der Innenstadt.

1970 Erfurter Gipfeltreffen (s. S. 21) zwischen Willy Brandt und Willi Stoph am 19. März.

1989 Wendedemonstrationen mit mehreren Zehntausend Teilnehmern. Erste Besetzung einer Stasi-Zentrale (heute Gedenk- und Bildungsstätte Andreasstraße 24) in der DDR.

1991 Erfurt wird Landeshauptstadt Thüringens.

1994 Die Stadt erhält ihre Universität zurück.

1997 Erfurt wird Sitz des Kinderkanals (KiKA). Eröffnung des neuen Messegeländes.

2000 Einweihung des Bundesarbeitsgerichtes am Petersberg

2002 Amoklauf am Gutenberggymnasium. Ein ehemaliger Schüler erschießt am 26. April 16 Menschen und sich selbst.

2011 Papst Benedikt XVI. besucht Erfurt und hält eine heilige Messe auf dem Domplatz 37.

2017 Eröffnung des ICE-Drehkreuzes Erfurt

2021 Im Rahmen der Bundesgartenschau (BUGA) wird Erfurt vom 23.04. bis zum 10.10.2021 „erblühen". Hauptstandorte sind der egapark 49, der Petersberg 41 und die Geraaue im Norden der Stadt.

Geplante Eröffnung des KulturQuartiers im ehemaligen Schauspielhaus.

Leben in Erfurt

Ähnlich einem **Schmelztiegel** versammelt sich alles Leben in Erfurt im Zentrum. Hier kauft man ein, verweilt, geht essen oder ins Theater. Dass die **Altstadt** eine so **große Bedeutung** hat, mag geschichtlich bedingt sein, wurde diese doch in einer Zeit angelegt, als Erfurt groß und mächtig war. Während andere deutsche Städte im Zuge der Industrialisierung im 19. Jh. rasant wuchsen, war Erfurt zu dieser Zeit nur ein bescheidenes Wachstum vergönnt. Erst 1906 wurde die Grenze von 100.000 Einwohnern überschritten. Folgerichtig gibt es in Erfurt nur **wenige Gründerzeitviertel**, aus denen sich starke Stadtteilzentren oder Kieze hätten entwickeln können.

Einen steten Anstieg der Einwohnerzahlen verzeichnete Erfurt, als die Stadt zu DDR-Zeiten Hauptstadt des gleichnamigen Bezirkes wurde. In **auffälligem Kontrast** zu den **bürgerlichen Häusern des Zentrums** entstan-

008ew Abb.: ms

Die Michaelisstraße 28 führt vom Domplatz 37 zum Fischmarkt 6

den entlang des Rings monumentale, den sozialistischen Wohnungsbau verkörpernde **Elfgeschosser.** Als der Platz nicht mehr ausreichte, baute man an der Peripherie weiter. So entstanden am nördlichen und südöstlichen Stadtrand **große Neubaugebiete,** in denen noch heute ein Viertel aller Erfurter wohnen.

Zum Glück blieb Erfurt vom nächsten Schritt des sozialistischen Wohnungsbaus nahezu verschont. Dieser **sah einen flächendeckenden Abriss der Altbausubstanz vor.** Diese sollte durch leicht „historisierende" vier- bis fünfgeschossige Plattenbauten ersetzt werden. Einzig die Umgebung des Huttenplatzes unweit des Andreasviertels 22 fiel den sozialistischen Stadtplanern zum Opfer, den Rest der im Krieg nur wenig zerstörten Altstadt **verschonte die Wende.**

Und überhaupt brachte die Wende einen Wandel in vielerlei Hinsicht. Die Bewohner begannen, ihren Lebensraum anders wahrzunehmen. Fragte man vor 1989 einen Erfurter nach seiner Stadt, erntete man oft nur resigniertes Achselzucken. Nun jedoch waren plötzlich Begeisterung und Enthusiasmus spürbar. Dieser schlug sich auch im Stadtbild nieder. Vielerorts öffneten **kleine Cafés und Bühnen.** Man versuchte, das etwas miefige Image einer kulturlosen Verwaltungsstadt abzulegen, das Erfurt zu sozialistischen Zeiten durchaus anhing. Leider währte der Aufbruch nicht lang. Durch eine Politik, die zwar die **rasche Sanierung** der Gebäude im Blick hatte, aber auch ohne zu Zögern die Schauspielsparte des Theaters dem prestigeträchtigen Neubau einer Oper (Theater Erfurt, s. S. 72) opferte, war Erfurt lange Zeit der Gefahr ausgesetzt, sich zu einer Stadt mit schönen Fassaden ohne Inhalt zu entwickeln. Zum Glück kam es anders. **Kreative Erfurter** trugen in den letzten Jahren aktiv dazu bei, dass die Stadt in jeglicher Hinsicht aufblühte.

Erfurt ist heute eine **junge, lebendige Stadt** mit vielen Angeboten. Als Gast sollte man es dabei den Erfurtern gleich tun und über die zahlreichen Altstadtplätze bummeln, die Abendsonne auf dem Petersberg 41 genießen oder dem plätschernden Wasser der Gera folgen, zu Fuß oder auf dem Rad. Auch der Thüringer Wald ist nicht weit. Hier trifft man sonntags auf den Wanderwegen und Loipen so manchen Städter bei der aktiven Erholung. Und wie sagte schon der ehemalige Erfurter Statthalter Karl Theodor von Dalberg gegen Ende des 18. Jh.: „In Erfurt ist gut wohnen". Damit hätte er auch heute wieder Recht.

065ew Abb.: ms

Markt auf dem Domplatz 37 *in der „Blumenstadt" Erfurt*

Erfurt entdecken

Erfurt im Intensivdurchgang

1. Tag – Stadtspaziergang

Abhängig davon, wie viele Pausen man einlegt, nimmt dieser Spaziergang zwei bis vier Stunden in Anspruch. Der Rundgang beginnt am **Anger** 1, dem **geschäftigen Herz** Erfurts. Von hier aus geht es über die Schlösserstraße 4, vorbei am Thüringer Kunstgewerbeladen **Dürerhaus** (s. S. 60), zum **Fischmarkt** 6, wo einige der schönsten Häuser der Stadt stehen. Hier befindet sich auch das neogotische Rathaus 9, das man umrundet und so über den Benediktsplatz [I F3] in östlicher Richtung zur **weltbekannten Krämerbrücke** 11 gelangt. Man überquert die einzigartige, mit Fachwerkhäusern bebaute Brücke. Linker Hand laden das Ladencafé der **Goldhelm Schokoladen Manufaktur** (s. S. 61) und das Café **Nüsslein** (s. S. 65) zum Verweilen ein. Nach einem Abstecher zur **Ägidienkirche** 13 und zum **quirligen Wenigemarkt** 14 geht es nun in den parkähnlichen Bereich hinter der Krämerbrücke und weiter zur idyllischen Stadtinsel **Dämmchen** 12. Zuvor können fußmüde Stadtbummler im **Café Füchsen** (s. S. 64) einkehren. Die Horngasse [I F3] führt nun linker Hand auf die Insel, die inmitten des Flüsschens Gera liegt.

Über die Furthmühlgasse [I E3] verlässt man das Dämmchen wieder und erreicht das ehemalige Hauptgebäude der Universität, das **Collegium Maius** 26. Hier beginnt der interessanteste Teil der **Michaelisstraße** 28 – aufgrund ihrer architektonischen Vielfalt wird sie auch „steinerne Chronik Erfurts“ genannt. Auf der linken Straßenseite passiert man die **Michaeliskirche** 27, deren Innenhof man sich nicht entgehen lassen sollte.

Von der Michaelisstraße zweigt rechts die **urtümliche Waagegasse** 31 ab. Neben alten Pack- und Waagehäuser findet man hier die **Alte Synagoge** 32 mit dem sensationellen Erfurter Schatz und die Künstlerkneipe **Speicher Erfurt** (s. S. 71). Die Waagegasse mündet in die von eleganten **Renaissancehäusern** gesäumte **Allerheiligenstraße** 33. Nun überquert man die geschäftige Marktstraße 35. Über die **Große Arche** 36 weiter geradeaus, vorbei am Standes-

Routenverlauf im Stadtplan
Der hier beschriebene Spaziergang ist mit einer farbigen Linie im Stadtplan eingezeichnet.

010ew Abb.: ms

Verzierungen mit Geschichte: Häuserfassaden am Anger 1

011ew Abb.: ms

amt im Haus zum Sonneborn, biegt man rechts in die Mettengasse [I E4], die den Besucher auf den **wahrlich riesigen Domplatz** 37 führt.

Überragt wird dieser vom **imposanten Ensemble** aus **Dom St. Marien** 39 und **Severikirche** 40. Ein Besuch beider Kirchen und ein Blick vom Domberg über den Platz lohnen sich in jedem Fall. Vom Domplatz aus folgt man nun in östlicher Richtung der Kettenstraße [I E4] und der Paulstraße, bis man die monumentale **Predigerkirche** 44 erreicht. Rechts geht es in die Meister-Eckhart-Straße [I E/F4], die auf einer Brücke die romantisch vor sich hin plätschernde Gera überquert. Am schlossähnlichen Gebäude der **ehemaligen Statthalterei** 46 hält man sich links und gelangt so, vorbei am sehenswerten **Haus Dacheröden** 48, wieder zurück zum Anger und dem Ausgangspunkt des Spaziergangs.

Der Tag kann auf dem auch abends recht belebten Wenigemarkt ausklingen, zum Beispiel im **Kurhaus Simone** (s. S. 65) oder im Restaurant **Zum Wenigemarkt 13** (s. S. 62).

Wer am Domplatz parkt, sollte von hier aus über die Marktstraße zum Fischmarkt und zur Krämerbrücke gehen. Ab hier folgt man der Wegbeschreibung oben.

2. Tag – Bummeln und Museen

Beim Spaziergang am ersten Tag hat man sich den zentralen Sehenswürdigkeiten der Stadt angenähert. Nun gilt es, die vielen **hübschen Nebenstraßen** zu entdecken. Einen längeren Aufenthalt lohnt der Bereich rund um die **Krämerbrücke** 11; hinter der Brücke versprechen Bänke und Wiesen eine gemütliche Auszeit. Das kleine Museum **Haus der Stiftungen** (s. S. 68) wartet mit einer Ausstellung über die Krämerbrücke auf und der Laden **Stilleben** (s. S. 61) mit Souvenirs und Design. Zum entspannten Flanieren eignen sich das **Augustinerkloster** 20 samt der benachbarten Kirchgasse [I F2].

Wer es am ersten Tag nicht geschafft hat, kann nun die geschichtsträchtige **Alte Synagoge** 32, das **Angermuseum** 3 oder die imposante **Zitadelle Petersberg** 41 besichtigen. Einen Rundgang lohnen zudem das hübsche **Andreasviertel** 22, wo die Kneipe Double B (s. S. 70) zum entspannten Ausruhen einlädt, der **Stadtteil Brühl** 42 mit dem modernen Theater Erfurt (s. S. 72) sowie der beschauliche Fischersand [I D/E5] und die **Lange Brücke** 43. Erholung Suchende spazieren durch die **ausgedehnte Gartenanlage des egaparks** 49.

Idyllisches Erfurt: Balkone auf der Krämerbrücke 11, dem Wahrzeichen der Stadt

Erlebenswertes im Zentrum

1 Anger ★★★ [I G4]

Der Erfurter Anger ist der zentrale Platz der Stadt und ein architektonisches Kaleidoskop. Schon im 6. Jh. n. Chr. wurde hier Handel getrieben – und daran hat sich bis heute nichts geändert.

Ab 1351 handelte man hier mit Waid, dem mittelalterlichen Blaufärbemittel (s. S. 48). Den lang gestreckten Platz prägen prächtige **Bauwerke aus neun Jahrhunderten,** vor allem jedoch aus der Gründerzeit (19. Jh.), als der Anger die vornehmste Adresse der Stadt war.

Das **markanteste Gebäude** ist die **Hauptpost.** Für das Haus mit seiner Neorenaissance-Fassade aus Sandstein, Klinkern und Terrakotta musste u. a. die alte Schwanen-Ring-Apotheke weichen. In dieser wirkte Johann Bartholomäus Trommsdorff (1770–1837), einer der bedeutendsten Pharmazeuten seiner Zeit.

Im Norden befindet sich die gotische Kaufmannskirche 2. Neben dem 1928 im Stil der Neuen Sachlichkeit errichteten **Anger Entrée** (Nr. 81) ist das Einkaufszentrum **Anger 1** (s. S. 60) zu sehen, zwischen 1906 und 1908 als Kaufhaus Römischer Kaiser im Jugendstil erbaut. Vor dem Kaufhaus befindet sich der 1979 fertiggestellte **Neue Angerbrunnen.** Nach sozialistischer Lesart sollte er einen Kontrast zum alten Angerbrunnen bilden und die dynamischen Lebenskräfte in Form tanzender Mädchen symbolisieren. Der Brunnen erstrahlt nach einer Sanierung abends in schönem Licht und verwandelt sich in die sogenannte **Blaue Lagune.**

Neben dem Brunnen befindet sich das gotische Gebäude des **Ursulinenklosters.** Das Ordenshaus ist das einzige der Stadt, das im Zuge der Säkularisation 1821 nicht staatlich eingezogen wurde und bis heute besteht. Bewohnt wird es von 20 Nonnen. Die größte Sehenswürdigkeit, der aus dem 15. Jh. stammende **Magda-**

Das gibt es nur in Erfurt

- *In der ursprünglichen* ***Waagegasse*** *31 steht ein ganz* ***eigentümlicher Giebel*** *– nur wer genau hinschaut, entdeckt das zugehörige Dach.*
- *Eine* ***Brücke voller Häuser,*** *vielen kleinen Läden und quirligem Leben – das ist die einzigartige Erfurter* ***Krämerbrücke*** *11.*
- *Ein* ***Römer*** *als Zeichen der Selbstständigkeit und Unabhängigkeit lässt sich auf dem* ***Fischmarkt*** *6 aufspüren.*
- *Schöne Häuser gibt es in Erfurt viele, aber nur die* ***Armenburse*** *29 fällt vor lauter Sparsamkeit fast ins Wasser.*
- *In Erfurt wimmelt es von Mäusen, Elefanten, Ratten, Bären – und sogar grimmig dreinblickenden Kastenweißbroten! Sie alle gehören zum possierlichen Personal des in Erfurt ansässigen* ***Kinderkanals (KiKA).***
- ***Kuriose Namen*** *tragen viele alte Erfurter Gebäude. Die Namensherkunft ist dabei nur selten so eindeutig wie beim Haus zum Roten Ochsen 7. Eine Zusammenstellung „sprechender Namen“ findet sich auf S. 30.*
- *Am Anger 1 steht* ***ein Schloss, das keines ist.*** *In der* ***ehemaligen Statthalterei*** *46 residierte nämlich kein Monarch, sondern ein bürgerlicher Statthalter.*

EXTRATIPP

Rückzugsorte

- Das **Café Füchsen** (s. S. 64) ist ideal für eine kleine Pause zwischendurch. Allein schon die behagliche Atmosphäre lässt den Gast zur Ruhe kommen.
- Ein Spaziergang nach **Venedig** 21 ist nicht weit und führt direkt an der **plätschernden Gera** entlang.
- Die **Grünflächen hinter der Krämerbrücke** 11 wurden neu angelegt und eignen sich bestens für eine Pause. Hier sitzt man unmittelbar am Wasser der Gera. Für Kinder gibt es einen Spielplatz.

lenenteppich, kann nur im Rahmen von Sonderausstellungen bewundert werden.

In Richtung Südwesten schließt sich an das Kloster das **Haus zur Grünen Aue und zum Kardinal** (Nr. 6) an – hier logierte Zar Alexander I. während des Fürstenkongresses (s. S. 34). Das **Haus zum Schwarzen Löwen** (Nr. 11) gehörte einst dem Waidjunker Hermann Worm, der auch das Bierbraurecht besaß, wovon die beiden Löcher in der Fassade zeugen (s. S. 36).

An der Kreuzung mit der **Bahnhofstraße** verengt sich der Anger von einem Platz zu einer Straße. An der Ecke befindet sich das gelbe Gebäude des Angermuseums 3.

Schräg gegenüber streckt sich der gotische **Bartholomäusturm** in den Himmel. Er ist einer von fünf Erfurter Türmen, bei denen das zugehörige Kirchenschiff nach einem Brand abgetragen wurde. Der zwischen 1412 und 1468 errichtete, 35 m hohe Turm besitzt ein aus 60 Glocken bestehendes **Glockenspiel**. Es wurde 1979 eingesetzt, ist das fünftgrößte Deutschlands und erklingt dreimal täglich.

In der Häuserzeile gegenüber dem Turm sind das **Jugendstilgebäude Anger 23**, das **Bankgebäude Anger 25** mit den Bilderfriesen „Leichtsinnige Geldverschwendung“ (links) und „Vorsorgendes Sparen“ (rechts) von Hans Walther und das **Rokokogebäude Anger 28/29** aus dem Jahre 1706 beachtenswert.

012ew Abb.: ms

Am **Haus Anger 33** fällt eine **Statue** auf. Sie stellt **Otto von Bismarck** (1815–1898) dar, der 1850 im Augustinerkloster ⓴ am Unionsparlament (s. S. 38) teilnahm und im Vorgängerbau wohnte. Abgeschlossen wird der Anger unter anderem vom Haus Dacheröden ㊽ und der Wigbertikirche ㊼. Zwischen den Gebäuden steht der 1890 vollendete **Alte Angerbrunnen**, den der Berliner Architekt Heinrich Stöckhardt entwarf. Er sollte die Fertigstellung der Zentralwasserleitung würdigen. Allegorisch dargestellt sind die Grundsäulen der Erfurter Wirtschaft: der Gartenbau, versinnbildlicht durch die römische Blumengöttin Flora, sowie Industrie und Handwerk, dargestellt durch eine männliche Figur mit Hammer und Schraubstock.

Vom Anger zweigt die Bahnhofstraße in Richtung Stadtpark und **Hauptbahnhof** (s. S. 59) ab. Die Straße prägen Geschäftsbauten aus der Zeit zwischen 1880 und 1930. Älteren Datums ist nur die romanisch-gotische **Reglerkirche** mit ihrem sehenswerten Flügelaltar. Vor dem Bahnhof, am Willy-Brandt-Platz [I H5], steht das Gebäude des ehemaligen **Hotels Erfurter Hof**, das durch das Erfurter Gipfeltreffen (s. r.) Berühmtheit erlangte. Das Gebäude beherbergt heute u. a. ein Restaurant.

› Stadtbahn: alle Linien bis Anger
› **Ursulinenkloster,** Anger 5, Tel. 5655020, Mo–Fr 10.30–11.30 und 14.30–15.30 Uhr (offene Kirche)
› **Bartholomäusturm,** Anger, Glockenspiel tgl. 10, 12 und 18 Uhr, Führungen auf Anfrage unter Tel. 6555652
› **Reglerkirche,** Bahnhofstr. 7

Der Erfurter Anger ❶ – ein architektonisches Kaleidoskop

❷ Kaufmannskirche ★★ [I G3]

Dass der Anger ❶ schon im Hochmittelalter ein Ort regen Handels war, zeigt die dem **hl. Gregor** geweihte Kaufmannskirche. Zwischen 1291 und 1368 wurde sie als Pfarrkirche hier ansässiger Großkaufleute und Fernhändler direkt **an der Handelsstraße Via Regia** (s. S. 23) erbaut.

Das Innere der **dreischiffigen gotischen Basilika** wurde ab 1594 im Stil der Spätrenaissance ausgestattet.

Am 22. Oktober 1522 predigte **Martin Luther** hier über seine Reformationsziele. Von diesem Tag zeugt auch das 1889 geweihte, 6 m hohe

Das Erfurter Gipfeltreffen

Das Erfurter Gipfeltreffen vom 19. März 1970 sollte der ***Auftakt der deutsch-deutschen Annäherung*** *im Rahmen der neuen Ostpolitik sein. Diese begann mit der SPD-FDP-Bundesregierung unter* ***Willy Brandt*** *(1913–1992) im Herbst 1969. Zwar blieben die Verhandlungen zwischen Willy Brandt und dem DDR-Ministerpräsidenten Willi Stoph ohne konkretes Ergebnis, die* ***Symbolik des Treffens*** *war jedoch enorm, war es doch der erste Schritt auf dem Weg zum Ende des Kalten Krieges.*

Der Ort des Treffens war das ***Hotel Erfurter Hof.*** *Das Gebäude ziert heute der Spruch* ***„Willy Brandt ans Fenster“.*** *Diese Worte riefen dem Kanzler damals Tausende Erfurter zu. Als sich der Politiker zeigte, jubelten ihm die Menschen auf dem Bahnhofsvorplatz zu. Willy Brandt schrieb später in seinen Erinnerungen: „Der Tag von Erfurt. Gab es einen in meinem Leben, der emotionsgeladener gewesen wäre?“*

013ew Abb.: wp

Luther-Denkmal vor der Kaufmannskirche ❷

Luther-Denkmal vor der Kirche. Sehenswert ist der aus dem Jahr 1625 stammende, 8,50 m hohe und 3,60 m breite **Hochaltar**, vor dem sich 1668 Johann-Ambrosius Bach und Elisabeth Lämmerhirt, die aus Erfurt stammenden Eltern Johann Sebastian Bachs, das Jawort gaben. Er kündet vom Leben und Werk Jesu Christi, der als Weltenrichter, auf einem Regenbogen sitzend, den krönenden Abschluss des Altars bildet.

Die 7 m hohe **Kanzel** wurde 1598 geschaffen. Den Schalldeckel der Kanzel zieren elf Jünger Jesu. Der zwölfte, der Verräter Judas, fehlt. Die Reliefs an der Seite der Treppe versinnbildlichen das Glaubensbekenntnis.

Beachtenswert sind weiterhin der siebenseitige **Taufstein** (1608), das **barocke Orgelgehäuse** und zwei eindrucksvolle, vom Erfurter Maler Christian Richter im 17. Jh. geschaffene **Gemälde** im südlichen Seitenschiff. Sie zeigen den schwedischen Stadtkommandanten Caspar Ermes vor einer imposanten Stadtansicht und dessen Gemahlin Anna.

Das Ensemble aus Altar, Kanzel, Taufstein und Epitaphen (Denkmälern) ist das bedeutendste **Zeugnis des Manierismus** aus der Übergangszeit zwischen Renaissance und Barock in Thüringen.

› Stadtbahn: alle Linien bis Anger
› Anger, Tel. 2626962, www.evkaufmannsgemeinde.de, geöffnet: Ende März–April Mo–Sa 11–14, Mai–Anf.

014ew Abb.: ms

Sammlung mittelalterlicher Kunst im Angermuseum

Nov. Mo–Fr 11–14, Sa 11–17 Uhr, Mitte Juni–Ende Okt: Segen und Orgelmusik Sa 18 Uhr, Orgelmusik Mo 12 Uhr, Abendsingen Erfurter Chöre meist Do 18 Uhr, Eintritt: frei

❸ Angermuseum ★★ [I G4]

Nachdem in den 1680er-Jahren die **Pest** wütete, waren viele der alten Waage- und Lagerhäuser in der Waagegasse ㉛ nicht mehr nutzbar. Daher ließ Statthalter Philipp Wilhelm von Boineburg zwischen 1705 und 1711 am Anger ❶ einen **neuen Pack- und Waagehof** erbauen.

1886 wurde das Haus zum **Kunstmuseum** umfunktioniert, das die romantischen Bilder des 1807 in Erfurt geborenen Malers Friedrich von Nerly ausstellte. Ab den 1920er-Jahren kamen auf Initiative des **jüdischen Schuhfabrikanten Alfred Hess** (1879–1931) bedeutende Werke der modernen Kunst hinzu. Die meisten der 800 Bilder wurden 1937 konfisziert, teilweise zerstört oder ins Ausland verkauft.

Im Erdgeschoss sind der **Heckel-Raum** mit den zwischen 1922 und 1924 entstandenen Wandmalereien „Lebensstufen" des Expressionisten Erich Heckel (1883–1970) und die **Sammlung mittelalterlicher Kunst** sehenswert. Hervorhebenswert sind außerdem der **Augustineraltar**, **„Die Hirschmadonna"** (1370), die älteste Holzplastik der Madonna im Strahlenkranz, und das rätselhafte Gemälde „Erschaffung der Tiere und des ersten Menschenpaares" (1532/33) des Dürer-Schülers Hans Baldung Grien. In einem zweiten Raum sind

Via Regia: der europäische Handelsweg des Mittelalters

Das Reisen war im Mittelalter eine beschwerliche Angelegenheit. Wege gab es kaum, und wenn, dann waren sie von schlechter Qualität und häufig von Wegelagerern heimgesucht. Die ***Via Regia („Königsweg")*** *hingegen, also ein der königlichen Krone unterstellter Weg, konnte* ***Schutz gewährleisten,*** *für den der Reisende* ***Geleitgeld*** *zahlte.*

Erstmals wird die „strata regia" („Königsstraße") ***im Jahre 1252*** *in einer Urkunde des Markgrafen Heinrich von Meißen erwähnt. Ihre Anfänge reichen jedoch bis ins 5./6. Jahrhundert zurück und fallen mit der Herausbildung des Thüringer Königreichs und dessen Eroberung durch die Franken zusammen.*

Erfurt *lag besonders günstig* ***genau in der Mitte*** *dieser wichtigsten Handelsstraße des Mittelalters, die* ***von Paris bzw. Brügge*** *über die Messestädte Frankfurt am Main und Leipzig* ***bis nach Vilnius bzw. Kiew*** *führte. Aus Richtung Westen wurden auf ihr die Tuche Flanderns transportiert, aus dem Osten kamen unter anderem Holz, Felle, Wachs und Honig. In der Mitte wurden Färberwaid (s. S. 48) und Bergbauprodukte beigesteuert.*

In Erfurt kann man der Via Regia noch immer folgen: Die Straße führt vom Lauentor unterhalb der ***Zitadelle Petersberg*** *㊶ zunächst zum* ***Domplatz*** *㊲ und ab hier weiter durch die* ***Marktstraße*** *㉟, über die* ***Krämerbrücke*** *⓫, vorbei an der* ***Kaufmannskirche*** *❷ und schließlich bis zum* ***Anger*** *❶.*

die aus dem 14. Jh. stammenden **Rundbilder und Setzschilde** des alten Erfurter Ratssaales zu sehen.

Im ersten Stock ist die **Gemälde- und Kunsthandwerkssammlung** untergebracht. Die Gemälde sind in der sogenannten „Petersburger Hängung" zu sehen, das heißt, dicht an dicht bis unter die Decke. Vertreten sind vor allem die Erfurter Maler Nerly, Beck, Bellermann, Thiele und Triegel. In der Kunsthandwerkssammlung sind das **prunkvolle Zimmer** einer am Junkersand wohnenden **Patrizierfamilie** („Junkersand-Zimmer", 1590–1600) und das **Erfurter Ratssilber** besonders eindrucksvoll. Ein Teil des Ratssilbers ist auch im Stadtmuseum in Haus zum Stockfisch 18 zu sehen. Das Dachgeschoss bietet Raum für **temporäre Ausstellungen.**

› Stadtbahn: alle Linien bis Anger
› Anger 18, www.angermuseum.de, Tel. 6551651, geöffnet: Di–So 10–18 Uhr, Eintritt: 6 €, erm. 4 €

Die Gera, Lebensader der Stadt

015 Abb.: ms

4 Schlösserstraße und Faustgaßchen ★★ [I F4]

Der Anger 1 mündet in die **Fußgängerzone der Schlösserstraße**, an deren Beginn das rote, 1737 erbaute Gebäude des ehemaligen **Jesuitenkollegs** (Nr. 5) und die um 1300 errichtete **katholische Lorenzkirche** stehen. Das Gotteshaus war die erste Kirche in der DDR, die Friedensgebete ermöglichte. Sie war zugleich Ausgangspunkt für die Erfurter Wendedemonstrationen.

Die Schlösserstraße wird von einigen **mondänen Häusern der Gründerzeit** (Ende 19. Jh.) gesäumt. Eines der Gebäude weist einen **Durchgang** auf, das **Faustgäßchen.** Die Gasse muss einst noch schmaler gewesen sein, denn angeblich soll sich hier Folgendes zugetragen haben: Doktor Johannes Faustus, ein wandernder Wunderheiler, Alchemist und Magier des 16. Jh., der auch in Erfurt lehrte, schloss mit seinen Studenten eine Wette darüber ab, dass er durch dieses schmale Gässchen, in dem zwei Personen nicht aneinander vorbeigehen konnten, vierspännig mit einer Ladung Heu fahren könne. Der Zauberer verwandelte kurzerhand seinen von vier Ochsen gezogenen Wagen voll Heu in ein Mäusegespann und gewann so die Wette. Solcherart Geschichten waren es wohl, die den **Nährboden für den mystischen Fauststoff** bildeten, den u.a. Goethe verarbeitete.

› Stadtbahn: alle Linien bis Anger
› **Lorenzkirche,** Pilse 30, Tel. 5624921, geöffnet: Mai–Okt. Mo–Fr 9–11.30 Uhr, sonst Besichtigung durch die Glastür

5 Museum Neue Mühle ★ [I F4]

Das Museum beherbergt die **letzte voll funktionstüchtige Mühle der Stadt** und macht alte Mühlentechnik erlebbar. Das heutige Gebäude der erstmals 1259 erwähnten Mühle wurde nach dem großen Stadtbrand im Jahre 1737 errichtet. Angetrieben wird ihr unterschlächtiges Wasserrad, bei dem das Wasser auf die unteren Schaufeln des Rades fließt, von der Gera. Das 85 km lange Flüsschen, das so malerisch durch Erfurt fließt, hieß einst **Erfes.** Das Wort kann mit „dunkel" übersetzt werden und ist entweder ein Verweis auf das trübe Schmelzwasser aus dem Gebirge oder auf den Müller Erph, der Erfurt einer Sage nach gründete. Später tauchte in einer Urkunde der Universität das Wort **„Hierana"** (**„am Heiligen Fluss gelegen"**) auf, das sich später in „Gera" wandelte – und so heißt der Fluss bis heute.

Die **Gera** ist seit jeher die **Lebensader der Stadt.** Hier wurden die Fische gefangen, die man auf dem

Erfurter Straßennamen: lebendige Geschichte

*Erfurter Straßennamen sind wie ein Fenster in die Geschichte der Stadt. Auf dem **Anger** 1 zum Beispiel wurde mit Waid (s. S. 48) gehandelt; entsprechend wohnten die „Weiter", also die Blaufärber, in der angrenzenden **Weitergasse** [I F4]. Die Waidhändler hingegen lebten in der **Kaufmännerstraße** [I G3], die Kleinkrämer und Trödler in der **Krämpferstraße** [I G/H3] und die Schlosser in der **Schlösserstraße** 4. Eine Nebenstraße der Schlösserstraße trägt den Namen **Pilse** [I F4], vermutlich, weil der Weg über einen kleinen Hügel führt, der früher die Form eines Pilzes hatte.*

*Nahe der einst von Krämern bewohnten **Krämerbrücke** 11 findet sich der **Junkersand** [I F4], wo Junker, also Mitglieder des spätmittelalterlichen Hochadels, lebten. Dass solch wohlhabende Leute Neider auf den Plan riefen, versteht sich von selbst, und so trug die hier angrenzende Rupprechtsgasse [I F3] noch bis Mitte des 17. Jh. den Namen **Neideck.***

*Parallel zur Gera verläuft die **Kürschnergasse** [I F3], wo die Kürschner wohnten, die zum Reinigen ihrer Felle Wasser benötigten. Diese boten ihre Waren auf dem angrenzenden „Kleinen Markt", dem **Wenigemarkt** 14, feil. Die Fischer vom **Fischersand** [I D/E5] handelten auf dem Fischmarkt 6 und hatten ihre Gärten am **Kreuzsand** [I F3], wobei sich „Kreuz" von Kräutern ableitet.*

*Andere Straßennamen hingegen lassen mehr vermuten als dahintersteckt. So wurde die **Rumpelgasse** [I E4] schlicht und ergreifend von der Familie Rumpel bewohnt (über deren Lebenswandel man natürlich nur mutmaßen kann).*

Fischmarkt 6 feilbot. Hier wusch man Waid (s. S. 48) und reinigte Felle, schöpfte Trinkwasser und entsorgte Schmutzwasser. Die Gera löschte sowohl Feuer als auch den Durst der Anwohner – letzteres über den Umweg durch eine Brauerei (s. S. 36). Mehr als 60 Mühlen klapperten zeitweise an dem Fluss. Damit das Wasser für alle reichte, wurde es am „**Stock**", einem mächtigen Holzbohlen mit fünf großen Löchern, gleichmäßig in die verschiedenen Gera-Arme geleitet.

› Stadtbahn: 3, 4, 6 bis Fischmarkt
› Schlösserstr. 25 a. Hinweis: **Aus bautechnischen Gründen z. Z. geschlossen.**

6 Fischmarkt ★★★ [I F3]

Der Fischmarkt zählt mit seinen stattlichen Häusern aus verschiedenen Epochen zweifellos zu den interessantesten Altstadtplätzen Deutschlands. Er wurde erstmals im Jahr 1293 erwähnt.

Das dominanteste Gebäude am Platz ist das **Rathaus** 9. Gegenüber steht die wohl wichtigste Statue der Stadt, der **Erfurter Römer.** An dessen Stelle befand sich einst eine Figur des hl. Martin, Schutzpatron der Stadt Mainz, unter deren Herrschaft Erfurt lange Zeit recht unfreiwillig stand. Im Zuge der Bauernunruhen 1525 wurde der Heilige Martin gestürzt. Auf Drängen der Stadt Mainz sollte ein neuer aufgestellt werden. Der Bildhauer Israel von der Milla (1568–1603) schuf diesen, dem Zeitgeschmack entsprechend, in Gestalt eines römischen Kriegers. Den Erfurtern kam dies nicht ungelegen, konnten sie doch nun die 1591 vollendete Statue politisch neutral als „Römer" bezeichnen. Im Zuge einer Umgestaltung des Marktes im 16. Jh. entstanden einige bedeutende **Renaissancebauten**, von denen die Häuser Zum Roten Ochsen 7 und Zum Breiten Herd 8 am prächtigsten sind.

Weitere **historische Gebäude** am Fischmarkt sind das Haus zur Güldenen Krone von 1564 (Nr. 6), das Haus zum Lauenstein (Nr. 5, Ratskeller), dessen bauliche wie auch gastronomische Wurzeln bis in das Jahr 1477 zurück reichen, das Haus zum Güldenen Löwen aus dem Jahr 1740 (Nr. 12) und das Haus zur Halben Eisernen Tür (Nr. 4), dessen Bau 1395 begann. Im Stil der **Neuen Sachlichkeit** entstand 1934/35 das **Sparkassengebäude** neben dem Rathaus (Fischmarkt 1). Hier kamen nur einheimische Materialien wie Muschelkalk, Schiefer und Marmor zur Verwendung. Die vom Erfurter Bildhauer Hans Walther geschaffene **Giebelwand** stellt **sechs Laster** figürlich dar: Völlerei, Eitelkeit, Faulheit, Dummheit, Neid und Geiz. Das Relief rechts, zwischen den Plastiken Neid und Geiz, soll im Gegensatz dazu Gemeinnützigkeit, Hilfsbereitschaft und Sicherheit symbolisieren.

Der Fischmarkt im Herzen Erfurts

016ew Abb.: fo©Frank, stock.adobe.com

Auf der anderen Seite des Platzes, neben dem Rathaus, steht eine Plastikfigur des übellaunigen Helden des in Erfurt ansässigen Kinderkanals: **Bernd das Brot.** Die kultig verehrte KiKA-Figur schätzt die Stille seines schalldichten Zimmers, die Gleichförmigkeit seiner Raufasertapete und seine Sammlung von TV-Testbildern.

› Stadtbahn: 3, 4, 6 bis Fischmarkt

7 Haus zum Roten Ochsen mit Kunsthalle Erfurt ★★ [I E4]

Das Gebäude fand bereits im Jahr 1392 urkundliche Erwähnung und wurde 1562 im Auftrag des Waidhändler und Oberratsmeister Jacob Naffzer umgebaut. Beeindruckend ist vor allem die reich verzierte Fassade.

Auf der Giebelspitze des prächtigen Renaissancebaus wacht ein Mann in Rüstung, der dem Erfurter Römer gleicht, flankiert von Posaunenengeln und Teufeln. An den Giebeln über den Fenstern im ersten Stock sind interessiert dreinschauende **„Gaffköpfe“** zu entdecken. In der Mitte des großen Bildfrieses ist der namensgebende, recht **frech grinsende Rote Ochse** mit goldenen Hörnern und schwarzen Hufen abgebildet. Rechts und links daneben sind in personifizierter Form die Wochentage dargestellt, symbolisiert durch sieben Planeten, und die Künste in Gestalt von acht griechischen Musen. Da in der Renaissance die Antike sehr verehrt wurde, durften auch **griechische Säulen** am Haus nicht fehlen: dorische Säulen im Erdgeschoss, ionische im ersten Stock und korinthische im Giebel.

Das Gebäude beherbergt heute die **Kunsthalle Erfurt** mit sehenswerten temporären Kunstausstellungen. Die im Zuge der Sanierung eingebaute Mitarbeitertür ist die optisch umstrittenste Eingangstür der Stadt.

› Stadtbahn: 3, 4, 6 bis Fischmarkt

› Fischmarkt 7, Tel. 6555660, geöffnet: Di–So 11–18, Do bis 22 Uhr, Eintritt: 6 €, erm. 4 €

8 Haus zum Breiten Herd und Gildehaus ★★★ [I E3]

Ein weiteres prachtvolles Beispiel für ein Renaissancegebäude ist das 1584 entstandene Haus zum Breiten Herd, dessen eigentümlicher Name vermutlich auf das breite Grundstück verweist.

Der **Bildfries** auf der Fassade stellt symbolisch **die fünf Sinne** dar: Sehen (Spiegel und Adler), Hören (Laute und Hirsch), Riechen (Blumenstrauß und

017ew Abb.: ms

Hund), Schmecken (Wein, Obst und Affe) und Fühlen (Taube und Schildkröte). Analog zum Weltbild der Renaissance setzen die Reliefs den analysierenden, seine Welt erkennenden Menschen in den Mittelpunkt. Bewacht wird das Haus von einem **Landsknecht** bzw. Söldner, der auf dem **Giebel** seinen Platz gefunden hat, und einigen **„Gaffköpfen"**, die mit strenger Mine auf den Betrachter herabblicken.

Wesentlich jüngeren Datums ist das sich anschließende, 1892 im Stile der Neorenaissance fertiggestellte **Gildehaus**, auch **Haus zum Stötzel** genannt. Dieses ziert wiederum ein Bildfries, der die **vier Tugenden** nach Platon in Frauengestalt darstellt: Gerechtigkeit (Justitia), Klugheit (Prudentia), Tapferkeit (Fortitudo) und Genügsamkeit (Temperantia). An der Fassade sind zudem drei Figuren erkennbar: eine auf der Mondsichel stehende Madonna mit dem Jesuskind im Arm, Merkur als Sinnbild für Kunsthandwerk und Handel, und eine das Kunstgewerbe symbolisierende Frau.

Über einen Durchgang neben dem Gildehaus gelangt man nach links in einen **ruhigen Innenhof.** Hier steht ein kleines, allerdings noch unsaniertes **Barockschlösschen** (1727).

› Stadtbahn: 3, 4, 6 bis Fischmarkt
› **Haus zum Breiten Herd,** Fischmarkt 13
› **Gildehaus (Haus zum Stötzel),** Fischmarkt 14–16

9 Rathaus ★★ [I F3]

Das Erfurter Rathaus diente seit 1275 als **Warenlager** und als **Versammlungshaus** der Erfurter Bürger. Es galt lange Zeit als **Symbol der städtischen Autonomie** gegenüber dem Mainzer Erzbischof und hatte durchaus beachtliche Ausmaße. Vor allem der 300 m² große und 12 m hohe Ratsaal mit seinen Motiv- und Wappenschilden, die heute im Stadtmuseum 18 und im Angermuseum 3 ausgestellt sind, beeindruckte die Besucher.

Nach einem eigentlich geringen Wasserschaden am Dach begann man ab 1830 trotz Bürgerprotesten, das alte Rathaus abzureißen. Die Einweihung des **neogotischen**, stilistisch

Das „Haus zum Breiten Herd" 8

Fassade des neogotischen Rathauses der Stadt

auf das Erscheinungsbild des Platzes abgestimmten Neubaus erfolgte erst 1882. Der imposante **Festsaal** zeigt Bilder aus der Geschichte Erfurts, geschaffen von Johann Peter Theodor Janssen (1844–1908). Die **reich bemalten Treppenhäuser** sind für Besucher zugänglich und mit Gemälden von Eduard Kaempffer (1859–1926) geschmückt. Diese zeigen Szenen aus verschiedenen Sagen: von Faust über Tannhäuser bis zum Graf von Gleichen (s. S. 51). Auf dem Flur zum Festsaal sind Stationen aus dem Leben Martin Luthers bebildert.

› Stadtbahn: 3, 4, 6 bis Fischmarkt
› Fischmarkt 1, Tel. 6550, geöffnet: Mo/Di/Do 8–18, Mi 8–16, Fr 8–14, Sa/So 10–17 Uhr, Eintritt: frei

10 Viertel hinter dem Rathaus ★ [I F3]

Das Viertel hinter dem Rathaus wurde im 14. und im 19. Jh. von Erfurter Juden bewohnt. Noch heute steht hier, direkt am Wasser, die ehemalige **Kleine Synagoge** (s. S. 68). Der 1840 errichtete, klassizistische Bau wird heute als **Begegnungs- und Ausstellungsstätte** genutzt.

Vor der Kleinen Synagoge stehen das **Haus zum Großen Paradies und Esel**, ein einstiges Speicherhaus aus dem 15. Jh., und das **Haus zur Narrenschelle**, das den Erfurter Karnevalsklub beheimatet. Der Karneval hat in Erfurt eine lange Tradition, fanden doch die ersten Fastnachtsveranstaltungen nachweislich schon 1342 im Rathaus 9 statt.

Ein Narr ganz besonderen Schlags war **Till Eulenspiegel**, dessen **Denkmal** vor dem Haus steht. Er trieb im 14. Jh. allerlei Schabernack mit seinen Mitmenschen. In Erfurt rühmte er sich z. B. vor den Gelehrten der Universität, dass er jedem das Lesen

038ew Abb.: fo©Frank, stock.adobe.com

beibringen könne. Um ihn herauszufordern, gaben die Magister ihm einen Esel in die Lehre. Eulenspiegel legte nun ein wenig Hafer zwischen die Seiten eines Buches und der Esel blätterte die Seiten um des Hafers Willen mit seinem Maul um. Als der Hafer verspeist war, schrie der Esel laut „Iah! Iah!“. Da sprach Eulenspiegel: „Seht her, die beiden Vokale I und A kennt er schon; ich hoffe, er wird noch besser.“ Als der Narr für seinen Verdienst reicht belohnt wurde, sagte er: „Solltest du alle Esel zu Erfurt klug machen, das würde viel Zeit brauchen.“

› Stadtbahn: 3, 4, 6 bis Fischmarkt

Sprechende Häusernamen

Um die Bürger steuerlich zu erfassen, wurden den vielen Häusern mit Beginn des 13. Jh. Namen verliehen. So dienten die Gebäude zugleich als Orientierungspunkt. Die Häusernamen, die auch nach einem Eigentumswechsel erhalten blieben, verwiesen teilweise auf **Besonderheiten des Bauwerks** oder sie verdeutlichten **Eigenheiten der Bewohner.** Häufig ist der Namensursprung allerdings nicht mehr nachvollziehbar. So mancher derbe oder fromme Name erscheint willkürlich oder reichlich abwegig. Zum Knobeln hier ein paar Beispiele:

Anger 1:
- Haus zum Ersten Schweinskopf (Regierungsstr. 4)
- Haus zum Großen Schwanentreiber und Paradies (Anger 28/29)
- Haus zum Bunten Schiff und Halben Mond (Regierungsstr. 63–64)

Fischmarkt 6:
- Haus zur Halben Eisernen Tür (Nr. 4)
- Haus zum Großen Paradies und Esel (An der Stadtmünze)

Umgebung Domplatz 37:
- Haus zur Großen Roten Flasche (Nr. 6)
- Haus zum Bürgerstreit (Lange Brücke 4)
- Haus zum Großen Pflug und Großen Siebenbürgen (Marktstr. 21)

Michaelisstraße 28:
- Haus zur Großen Arche Noah und Engelsburg 25
- Haus Güldener Krönbacken (Nr. 10)
- Haus zur Himmelspforte (Nr. 44)

Krämerbrücke 11:
- Haus Spielberg und Rosenkranz (Nr. 5)
- Haus Güldener Schaar und Schweinskopf (Nr. 9)
- Haus Engelsröschen (Nr. 20)

Wenigemarkt 14 **und Johannesstraße** 17:
- Haus zum Trappen und zum Güldenen Engel (Wenigemarkt 19)
- Haus zum Stockfisch 18
- Haus zum Grünen Sittich und Gekrönten Hecht (Johannesstr. 178)

11 Krämerbrücke ★★★ [I F3]

Wasser sucht man hier vergebens: Die Krämerbrücke mit ihren hübschen Fachwerkhäusern ist ein einmaliges Kuriosum und eine der Hauptattraktionen Erfurts.

Vom Fischmarkt 6 kommend, erreicht man den kleinen Benediktsplatz [I F3], wo sich auch die Erfurt Tourist Information (s. S. 66) befindet. Folgt man hier der kleinen Gasse bergan, so steht man recht unvermutet mitten auf der berühmten Krämerbrücke. Unvermutet deshalb, weil weit und breit kein Wasser zu sehen ist. Kein Wunder, handelt es sich doch um die **einzige vollständig bebaute Brücke der Welt,** von der man gerade nicht auf den darunter fließenden Fluss schauen kann. Was man hingegen erblickt, sind zahllose **kleine Fachwerkhäuschen mit exotischen Läden,** die ganz zur Geschichte dieses einmaligen Bauwerks passen.

Erbaut an einer Furt, also einer Flachstelle im Wasser, wurde die Krämerbrücke erstmalig im Jahr 1117 in historischen Dokumenten genannt. Da die hölzerne Konstruktion in schöner Regelmäßigkeit niederbrann-

019ew Abb.: fo©LianeM, stock.adobe.com

te, beschlossen die Stadtväter, sie durch eine **massive Steinbrücke** zu ersetzen. Auf dieser ließen sich, wie schon zuvor, **Händler** in kleinen Holzbuden nieder. Für sie hatte das Bauwerk zwei entscheidende Vorteile: Zum einen musste jeder, der durch die Stadt reiste, dieses **Nadelöhr** passieren, zum anderen war die Brücke – im Gegensatz zum sumpfigen Umland – stets vergleichsweise sauber und trocken.

Vollendet wurde die Steinbrücke im Jahre 1325. In ihrer Grundform mit **sechs Bögen** und einer **Länge von 125 m** besteht sie bis heute. Allerdings wird sie jetzt nur noch von 32 anstatt 62 Häusern „bevölkert", denn viele der nach einem Brand im Jahre 1472 errichteten, sehr schmalen Gebäude wurden inzwischen zusammengelegt.

Im **Reisebericht eines anonymen Kaufmanns** aus dem Jahre 1522 ist wunderbar nachzulesen, wie man sich die Krämerbrücke vor 500 Jahren vorzustellen hatte: „Noch ist den müden Reisenden keine Ruhe gegönnt. Zwar ziehen die Pferde [...] nach Kräften vorwärts, fast zu rasch für unser Verlangen, die Auslagen der Kaufmannsgaden, Tuch und Leinen, Schuhwerk und ‚essende Ware', vor allem aber die tausenderlei Arten fremdländischer Kostbarkeiten der Krämerbrücke in Augenschein zu nehmen; wir aber müssen uns schleunigst nach dem Überschreiten dieses einzigartigen Bazars rechts wenden, der Michaelisstraße zu."

Und heute? Fernöstliche Gewürze findet man hier zwar nicht, wohl aber **leckere Schokoladenkreationen** (Goldhelm Schokoladen Manufaktur, s. S. 61), **Feinkost aus der Region** (Thüringer Spezialitätenmarkt, s. S. 61), **mediterrane Köstlichkeiten** (Mundlandung, s. S. 66), **exquisites Kunsthandwerk** (Stilleben, s. S. 61), **Bücher** für kleine Leseratten (Tintenherz, s. S. 60) und **Sinnvolles für Linkshänder** (Linkshänder-Laden Erfurt, s. S. 60).

⌃ *Ein wunderschönes Kleinod: die Erfurter Krämerbrücke*

Dass über Wohnungsnutzung, Gewerbe und Handwerk eine **eigene Stiftung** wacht, ist deutlich spürbar. Diese hat im **Haus der Stiftungen** (s. S. 68) ihren Sitz und kann besichtigt werden. Das lohnt sich, denn hier gibt es eine Bohlenstube mit Laubmotiven und Marmorierungen, ein Modell der Krämerbrücke und einen Vorratskeller in einem der Brückenpfeiler zu entdecken. Zwei weitere Häuser auf der Krämerbrücke verdienen Beachtung: zum einen das **Haus zum Weißen Schwan** (Nr. 21), das noch in Originalbreite erhalten ist, zum anderen das **Haus zum Schwarzen Roß** (Nr. 19), in dem einst die Stadtmusikanten wohnten. Als 1635 ein betrunkener Soldat gleich zwei von ihnen erschoss, wurde die vakante Stelle von Johann Bach, dem **Großonkel Johann Sebastian Bachs,** übernommen. Die Bachs sollten die Stadt fortan über Jahrzehnte hinweg musikalisch prägen.

Über die Grünanlagen hinter der Krämerbrücke gelangt man zum Dämmchen 12, der kleinen Stadtinsel, außerdem zur Mittelalterlichen Mikwe 30, zur Schottenkirche 15 und zum Augustinerkloster 20.

› Stadtbahn: 3, 4, 6 bis Fischmarkt
› www.kraemerbruecke.erfurt.de

KLEINE PAUSE

Rast im Grünen

Das **beschauliche Areal** nördlich hinter der **Krämerbrücke** 11 bietet den wohl besten Ausblick auf das Bauwerk in seiner Gesamtheit. Hier laden die **Grünanlagen entlang der Gera** und ein **Spielplatz** zum Pausieren ein. Besonders schön ist es auf der Insel zwischen den Brückenpfeilern. Zu ihr gelangt man von der parallel verlaufenden Rathausbrücke [I F3] aus.

12 Dämmchen ★ [I F3]

Parallel zur Krämerbrücke 11 verläuft die Horngasse [I F3]. Diese führt auf eine idyllische Insel in der Gera, die seit dem 16. Jh. den Namen Dämmchen trägt. Auffälligstes Gebäude ist die gegenüber dem Dämmchen liegende, fast zur Hälfte über das Wasser gebaute **Armenburse** 29.

Unmittelbar gegenüber führt eine Brücke zum jenseitigen Ufer; hier gelangt man zu einem **Fachwerkhaus** aus dem 17. Jh. mit dem klangvollen Namen **Zu den Kleinen Füchsen und zum Roten Hirsch** (Hütergasse 13).

Folgt man dem Dämmchen geradeaus in Richtung einiger Gärten, so führt rechts eine kleine Brücke hinüber zum **Comthurhof** (Comthurgasse 4/Ecke Schildgasse) [I E/F2]. Er war Sitz des Deutschen Ritterordens und wurde 1573 im Stil der Renaissance errichtet. Über die idyllische Taubengasse [I F2] gelangt man zu der von winzigen Fachwerkhäusern gesäumten Kirchgasse [I F2] und dem Augustinerkloster 20.

› Stadtbahn: 3, 4, 6 bis Fischmarkt, 1, 5 bis Stadtmuseum/Kaisersaal
› **Zugänge zur Insel:** ab der Grünanlage hinter der Krämerbrücke 11 über die Horngasse [I F3], ansonsten über Hütergasse [I F3] und Furthmühlgasse [I E3]

13 Ägidienkirche ★ [I F3]

Die Ägidienkirche, eine von einst zwei **Brückenkopfkirchen** an der Krämerbrücke 11, wurde nach einem Stadtbrand zwischen 1321 und 1324 im Zuge des Umbaus der Brücke neu errichtet und diente vor allem **reisenden Kaufleuten** zum Gebet.

Ihr Kirchenraum liegt etwas erhöht über dem Torbogen. Nachdem die Kirche 1615 entweiht wurde und lange Zeit als Lager-, Wohn- und Geschäftshaus diente, erwarb sie 1957 die **methodistische Gemeinde.** Das 1960 erneut geweihte Haus ist heute die älteste von Methodisten genutzte Kirche der Welt. Beachtenswert sind die zwischen 1996 bis 1998 von Kindern gestalteten **Glasfenster** und die **zweitälteste Glocke der Stadt** aus dem Jahr 1392. Diese sieht man, wenn man den 33 m hohen **Turm** der Kirche erklimmt. Der etwas mühselige Aufstieg über die engen Holztreppen lohnt in jedem Fall, genießt man doch von hier oben eine **einmalige Sicht** über fast die gesamte Stadt.

› Stadtbahn: 3, 4, 6 bis Fischmarkt
› Wenigemarkt 4, Tel. 3733301, geöffnet: Di–So 11–17 Uhr

14 Wenigemarkt ★★ [I F3]

Im Osten schließt sich an Krämerbrücke 11 und Ägidienkirche 13 der **dreieckige Wenigemarkt** an. Der „Kleine Markt" existierte bereits im 11. Jh. Obwohl der Platz unmittelbar **an der Handelsstraße Via Regia** (s. S. 23) lag, konnte er sich gegenüber dem „Großen Markt", dem heutigen Domplatz 37, nicht durchsetzen. Gehandelt wurde hier lediglich mit regionalen Gütern.

Flankiert wird der idyllische Markt von eher bescheidenen Bürgerhäusern, von denen die meisten aus dem 19. Jh. stammen. Die Platzmitte ziert der 1976 von Heinrich Apel geschaffene Brunnen „Raufende Knaben". Dieser verlockt ebenso zu einer Pause wie die zahllosen **Restaurants und Bistros** (z. B. Caféhaus Spiegler, s. S. 62, Kurhaus Simone, s. S. 65).

Einen **Abstecher** lohnt die angrenzende **Kürschnergasse** [I F3]: zum einen wegen der gemütlichen **Cafés** wie dem Übersee (s. S. 71), das eine Terrasse über der Gera besitzt, zum anderen wegen des **Hauses Nr. 7.** Es ist eines der ältesten mehrgeschossigen Fachwerkhäuser Deutschlands, erbaut 1385.

› Stadtbahn: 1, 5 bis Stadtmuseum/Kaisersaal

Mächtige Glocken im Turm der Ägidienkirche

020ew Abb.: ms

15 Schottenkirche ★ [I F3]

Im Jahre 1067 begab sich der **irische Mönch Marianus Scottus** auf Pilgerfahrt nach Rom. Auf dem Weg dorthin kam er durch Bamberg und Regensburg, wo er ein Eremitenkloster gründete. Dieses wurde zur Keimzelle der irischen Schottenklöster, deren Name auf die lateinische Bezeichnung Irlands, Scotia Maior, und den irisch-keltischen Stamm der Skoten zurückzuführen ist.

Die Erfurter **Schottenkirche St. Nicolai und St. Jacobi** wurde 1136 als **Pilgerstützpunkt** gegründet. Das heutige Gotteshaus ist eine Mischung verschiedener Baustile: Die Rundbögen des Mittelschiffs sind romanischen Ursprungs, die Spitzbögen des Chors und der Kirchturm entstanden nach 1472 und sind spätgotisch. Die barocke Westfassade und die Turmhaube wurden zwischen 1720 und 1729 errichtet, das zugehörige Kloster hingegen 1820 abgerissen. Der **schlichte, helle Innenraum** lässt das romanische Mittelschiff wunderbar zur Geltung kommen.

› Stadtbahn: 3, 4, 6 bis Fischmarkt
› Schottenstr. 11, www.schotten-erfurt.de, Tel. 6422443, geöffnet: Mai–Sept. Sa 10–13 Uhr, Gottesdienst So 11 Uhr

16 Futterstraße und Kaisersaal ★ [I G3]

Dem Namen entsprechend waren in der **Futterstraße** die Futterer ansässig, und zwar die **Pferdefütterer.** Die Zunft genoss ein hohes Ansehen, waren doch Pferdefuhrwerke das wichtigste Transportmittel des Mittelalters. In Erfurt waren täglich bis zu 300 Pferde zu versorgen, meist von Handelsreisenden, die auf der Via Regia (s. S. 23) unterwegs waren.

Die heutigen Häuser entlang der Futterstraße sind meist jüngeren Datums. Sie gehörten vielfach Waidhändlern (s. S. 48) und waren teils Biereigenhöfe (s. S. 36). Sehenswert sind u. a. das barocke Patrizierhaus **Würzgarten und Aron** (Nr. 12), das ebenfalls barocke, 1754 erbaute Haus **Gekrönter Löwe und Kleiner Wachsberg** (Nr. 13) und das spätgotische **Haus zum Großen und Kleinen Rebstock** von 1451 (Nr. 2), angeblich so genannt, weil der damalige Ratsherr eine Weinsorte aus dem Heiligen Land mitbrachte.

Bedeutendstes Gebäude ist jedoch der **ehrwürdige Kaisersaal.** Er entstand Anfang des 19. Jh. als Ballsaal der Universität im klassizistischen Stil. Seinen Namen trägt das Haus aber erst seit der Reichseinigung 1871. Der Kaisersaal war Schauplatz zweier wichtiger geschichtlicher Ereignisse, dem Erfurter Parteitag der SPD im Oktober 1891 und dem **Erfurter Fürstenkongress** gut 80 Jahre zuvor. Interessant ist, wie es zu dieser großen Versammlung in einer damals doch recht kleinen Stadt kam:

1808 hatte die französische Armee in Spanien eine schwere Niederlage erlitten und Kaiser **Napoleon Bonaparte** (1769–1821) beobachtete die zunehmenden Kriegsvorbereitungen Österreichs mit Sorge. Es schien ihm daher wichtig, sich der Unterstützung Russlands zu versichern, um Wien in Schach zu halten. Doch das Verhältnis zu Alexander I. (1777–1825) war nicht ungetrübt und musste auf eine neue Basis gestellt werden. Daher lud Napoleon zu einem Treffen. Hierfür wählte er **Erfurt,** das seinerzeit eine **französische Exklave** innerhalb des Deutschen Bundes war. Die Stadt war ideal erreichbar – für beide Verhandlungspartner als auch für die deutschen Vasallenfürsten des Rheinbundes. Durch ihre Teilnahme und mithilfe eines pompösen Rahmenprogramms aus glanzvollen Empfängen, Ausflügen, Jagden und Theateraufführungen im Kaisersaal suchte Napoleon, den Zaren zu beeindrucken. Am Ende des Fürstenkongresses, der vom 27. September bis zum 14. Oktober 1808 dauerte, stand zwar ein Bündnisvertrag, dieser war jedoch für beide Seiten später nicht bindend.

Der Kaisersaal ist heute ein **Kongress- und Veranstaltungszentrum**, in dem auch ein gehobenes **Restaurant** (Clara, s. S. 63) untergebracht ist.

› Stadtbahn: 1, 5 bis Stadtmuseum/Kaisersaal

› **Kaisersaal**, Futterstr. 15/16, www.kaisersaal.de

17 Johannesstraße ★ [I G3]

Die Futterstraße 16 mündet in die Johannesstraße, die schon seit 1289 unter diesem Namen bekannt ist. Benannt ist sie nach der **Johanneskirche**, von der nur noch der Ende des 15. Jh. erbaute **Turm** erhalten ist. Ganz in der Nähe befindet sich die **Johannesmauer** [I F1], ein spärlicher Rest der einstigen, seit 1066 erbauten Stadtmauer. Architektonisch ist die Straße ein Sammelsurium verschiedener Stile. Beachtenswert sind die **Fachwerkhäuser** Zum Grünen Sittich und Gekrönten Hecht (Nr. 178, um 1600) und Zum Mohrenkopf (Nr. 168, um 1607), das Haus zur Mühlhaue (Nr. 166, Anfang des 16. Jh.), das Haus zum Stockfisch 18 und das namenlose Haus mit der Nummer 175. Untersuchungen am Holz wiesen nach, dass die ältesten Teile dieses Gebäudes um 1120 erbaut wurden. Es wäre somit der **zweitälteste Profanbau Deutschlands.**

› Stadtbahn: 1, 5 bis Stadtmuseum/Kaisersaal

18 Stadtmuseum im Haus zum Stockfisch ★ [I G3]

Das wohl auffälligste Haus in der Johannesstraße 17 ist das Haus zum Stockfisch, das heute das Stadtmuseum beherbergt. Der **ungewöhnliche Name**, der vom mittelalterlichen Vorgängerbau übernommen wurde, verweist auf die **weitreichenden Handelsbeziehungen Erfurts.** Stockfisch, also luftgetrockneter, lang haltbarer Kabeljau, gelangte über die Nürnberger Geleitstraße, die bis nach **Norwegen** führte, in die Stadt. Das Hauszeichen über dem Eingang zeigt einen solchen Fisch vor einer nordisch inspirierten Landschaft. Die Inschrift darunter lautet: „Das Havs stehet in Gottes Hand zvm Stockfisch ist genand“.

Das Haus zum Stockfisch wurde 1607 von **Waidgroßhändler Paul Ziegler** im Stil der Spätrenaissance erbaut. Ziegler besaß das **Braurecht**, wovon die Löcher beiderseits des Portals zeugen (s. S. 36). Besonders beeindruckend ist die Fassade im Erdgeschoss mit ihren rund 135 **schachbrettartigen Reliefmustern,** von denen keines dem anderen gleicht. Interessant ist auch der von einer Herme (ein von einer Büste gekrönter Pfeiler) getragene Erker. Den Besucher „beobachten“ an diesem Haus neben den üblichen „Gaffköpfen“ auch **grimmige Löwen.** Die Säulen des Bauwerks orientieren sich, wie in der Renaissance üblich, an der Antike. Am Portal sind dorische, am Erker ionische und korinthische Säulen zu entdecken.

Seit 1974 ist in dem Haus das Stadtmuseum untergebracht. Gezeigt werden **zwei Dauerausstellungen:** zum einen **„Tolle Jahre – An der Schwelle der Reformation“**, die von der Zeit erzählt, als Martin Luther

Mönch in Erfurt war, und zum anderen **„Metamorphosen einer Stadt – Erfurt von 1815 bis 1990“**. Leider sind die Ausstellungen z. T. nicht chronologisch und recht chaotisch gestaltet. Die Themenauswahl (Uniformen, Schreibmaschinen usw.) kann nicht immer überzeugen.

› Stadtbahn: 1, 5 bis Futterstr.
› Johannesstr. 169, www.stadtmuseum-erfurt.de, Tel. 6555651, geöffnet: Di–So 10–18 Uhr, Eintritt: 6 €, erm. 4 €, Familienkarte 13 €

19 Museum für Thüringer Volkskunde ★★ [I G2]

Das Museum ist eines der größten und interessantesten volkskundlichen Museen Deutschlands. Untergebracht ist es in den Gebäuden des ehemaligen **Großen Hospitals**, das zwischen 1385 und 1396 am Stadtrand, zwischen der inneren und äußeren Stadtmauer, angelegt wurde und sich schnell zur Anlaufstelle kranker, armer und alter Menschen entwickelte. Hier wirkte im 14. Jh. der Gelehrte, Theologe und Arzt **Amplonius Rating de Berka** (um 1363–1435).

Nachdem gegen Ende des 19. Jh. das Stadtkrankenhaus aus Platzgründen an die Nordhäuser Straße umzog, wurde in den Gebäuden des Hospitals eine erste heimatkundliche Abteilung eingerichtet. Schwerpunkt der heutigen Sammlung ist die **Alltagskultur des 19. Jh.** Zu sehen sind u. a. Bauernmöbel, Gebrauchsgegenstände, Textilien, Glas, Keramik und Schmuck. Auch werden verschiedene ländliche Berufszweige wie Korbmacher, Maskenmacher und Spielzeugmacher anschaulich erläutert. Eine besondere Attraktion ist der **Jahrhundertschrank**, dessen 101 Schubladen von den Ereignissen verschiedener Jahre erzählen. Sehenswert sind zudem der **malerische Innenhof** und

Vom Bierbrauen und vielen Löchern

*Eine Besonderheit vieler alter Häuser in Erfurt sind die **Löcher beiderseits des Eingangsportals.** Sie sind ein Hinweis darauf, dass sich hier einst ein Biereigenhof, also eine Brauerei, befand. War frisches Bier gebraut und zum Ausschank bereit, **steckte man Strohbündel in die Löcher,** auf dass die Gäste in Scharen kamen.*

***Bier** galt im Mittelalter als **alltägliches Getränk,** vor allem weil es, im Gegensatz zum Wasser, durch den Brauvorgang keimfrei war. Im Jahr 1510 trank jeder Erfurter pro Jahr 3,5 Eimer des Gebräus – ganze 73 Liter! Insgesamt gab es in Erfurt **583 Biereigenhöfe.** Der Brauvorgang wurde von der Bierordnung geregelt; diese überwachte der Bierausrufer. Er hatte zudem ein Auge darauf, dass nicht alle gleichzeitig ihr Gebräu anboten und die Stadt plötzlich auf dem Trockenen saß. Brauen konnten nur die Reichen, denn für die Genehmigung mussten ein Einkommen von mindestens 500 Gulden und ein eigenes Grundstück nachgewiesen werden. Das noch heute gültige **Reinheitsgebot** wurde übrigens erstmals in der „Statuta thaberna“, dem Wirtshausgesetz der bei Erfurt gelegenen Stadt Weißensee, erwähnt, und zwar im Jahr 1434.*

*Auch heute noch gibt es in Erfurt einige **Gasthausbrauereien** wie das Waldhaus (s. S. 71), in denen man sich stilecht am Gerstensaft laben kann.*

die **ehemalige Hospitalkirche** aus dem Jahre 1389.

› Stadtbahn: 1, 5 bis Futterstr.
› Juri-Gagarin-Ring 140 a, www.volkskundemuseum-erfurt.de, Tel. 6555607, geöffnet: Di–So 10–18 Uhr, Eintritt: 6 €, erm. 4 €, frei am ersten Dienstag des Monats

20 Augustinerkloster ★★★ [I F2]

Das beeindruckende Augustinerkloster prägte Luthers Lebensweg entscheidend. Neben der informativen Luther-Ausstellung sind besonders die Glasfenster im Chor der Kirche beachtenswert.

Der **Bettelmönchsorden** der Augustiner entstand 1256 aus einem Zusammenschluss verschiedener italienischer Orden. Bereits zehn Jahre nach seiner Gründung ließen sich erste Augustinermönche in Erfurt nieder; 1277 begannen sie mit dem Bau eines Klosters.

Über 200 Jahre später, im Frühjahr 1501, kam **der junge Martin Luther** nach Erfurt. Er begann, wie vom Vater gewünscht, ein Studium an der hiesigen Universität, am Collegium Maius 26. Am 2. Juli 1505 geriet er in ein **schweres Unwetter.** Vom Luftdruck eines in der Nähe einschlagenden Blitzes wurde er zu Boden geschleudert und gelobte: „Ich will ein Mönch werden." Kurze Zeit später trat der Reformator in das Augustinerkloster ein, dessen Ordenstheologie ihn besonders ansprach.

Heutzutage kann die **rekonstruierte Lutherzelle** im Rahmen der **Dauerausstellung „Bibel – Kloster – Luther"** besichtigt werden. Die Zelle ist im Kloster untergebracht, das heute vorwiegend als Tagungs- und Begegnungsstätte genutzt wird. Sehenswert sind außerdem der Kapitelsaal aus dem 14. Jh., der Kreuzgang und der romantische Wirtschaftshof.

Die heute schlicht gehaltene **Augustinerkirche** wurde 1525 evangelisch, kurze Zeit später jedoch für Jahrzehnte säkularisiert. Sie diente zwischen 1559 und 1852 u. a. als Ratsgymnasium. **Besonderes Highlight** sind die vier einzigartigen, teils rund 700 Jahre alten Glasfenster im Chor. Das größte, in der Mitte befind-

021ew Abb.: fo©Henry Czauderna, stock.adobe.com

Das Erfurter Augustinerkloster war Luthers Wirkungsstätte

liche „**Christusfenster**" ist 14 m hoch und zeigt Bilder aus dem Leben und Sterben Jesu. Rechts davon ist das aufgrund seiner Ornamentik beeindruckende „**Teppichfenster**" zu sehen. Die in sich verschlungenen, an ein Kaleidoskop erinnernden geometrischen Formen sollen die Unendlichkeit und Vollkommenheit Gottes symbolisieren. Das linke Glasfenster wird „**Löwen- und Papageienfenster**" genannt. Die Sittiche fordern dazu auf, im rechten Glauben zu bleiben, die Löwen verweisen auf Christus, den „Löwen aus Juda". Die Rosen des Fensters gelten als Vorbild für die Lutherrose im Wappen Martin Luthers. Das vierte Glasfenster, das „**Augustinerfenster**", schmückt die Nordwand. Es erzählt vom Leben des hl. Augustinus von Hippo.

Weitere wichtige Kunstwerke der Kirche sind der spätgotische Taufstein (15. Jh.), die neogotische Kanzel (1854) und ein Gemälde des Erfurter Malers Jakob Samuel Beck (1715–1778).

In der Augustinerkirche tagte 1850 das **Unionsparlament,** um über die Zukunft der deutschen Kleinstaaten zu entscheiden (siehe rechts). Kloster und Kirche wurden im Zweiten Weltkrieg relativ stark in Mitleidenschaft gezogen, konnten aber **nahezu vollständig restauriert** werden. Komplett zerstört wurde das Gebäude der **Bibliothek.** Ihr Bestand, der zu den bedeutendsten kirchlichen Büchersammlungen Deutschlands zählt, ist in einem vor wenigen Jahren errichteten **Neubau** untergebracht. Im Keller befindet sich ein sehenswerter ökumenischer **Andachts- und Meditationsraum** („Ort der Stille") der Nagelkreuzgemeinschaft. Dieser ist ebenso frei und kostenlos zugänglich wie Teile der Gartenanlage.

Das Erfurter Unionsparlament

*Im 19. Jh. wuchs der Wunsch nach einem einheitlichen Zentralstaat und der **Überwindung der Kleinstaaterei.** 1848/1849 wurde in Frankfurt zum ersten Mal ein Parlament für die deutschen Nachfolgestaaten des Heiligen Römischen Reichs gewählt. Nach zähem Ringen verfolgte man eine kleindeutsche Reichseinigung unter Ausschluss des Kaiserreichs Österreich. **Hauptstadt sollte Erfurt werden:** Die Stadt lag zentral, weit entfernt von Grenzkonflikten und bot den Schutz einer Festung. Logische Konsequenz war also, dass die weiteren Verhandlungen hier stattfanden. Das Erfurter Unionsparlament tagte vom 20.3 bis zum 29.4.1850 in der **Kirche des Augustinerklosters** 20. Die Verhandlungen endeten jedoch ergebnislos, weshalb Erfurt nicht Hauptstadt wurde. Erster Kanzler des 1871 gegründeten Deutschen Reiches wurde schließlich **Otto von Bismarck.** Dieser hatte als Abgeordneter ebenfalls am Erfurter Unionsparlament teilgenommen und verdiente sich hier, wie er sagte, seine **„diplomatischen Sporen"**.*

› Stadtbahn: 1, 5 bis Augustinerstr.
› Augustinerstr. 10, www.augustinerkloster.de, Tel. 576600, Führungen Einzelgäste: Mo–Sa 11, 13, 15 Uhr, April–Okt. auch sonn- und feiertags 11, 12 Uhr und auf Anfrage, Nov.–März sonn- und feiertags auch 11 Uhr und auf Anfrage, zusätzliche Termine für Gruppen (tel. Anmeldung), Eintritt: 6 €, erm. 4 €, 7,50 € inkl. Lutherzelle

21 Augustinerstraße und Venedig ★ [I E2]

Die Augustinerstraße überragt der 1360/61 erbaute **Nikolaiturm.** Er gehörte früher zur Nikolaikirche, deren Langhaus bei einem Brand schwer beschädigt und 1744 abgerissen wurde. Im Erdgeschoss des Turmes befindet sich die **Elisabethkapelle.** Ihre erst Ende der 1970er-Jahre wiederentdeckten mittelalterlichen Wandmalereien erzählen vom Leben der **Elisabeth von Thüringen,** die für ihre Nächstenliebe und ihre gelebte Armut 1235, vier Jahre nach ihrem Tod, heilig gesprochen wurde. Die auf trockenen Putz aufgetragenen Malereien beeindrucken durch ihre kräftigen Farben und feinen Gesichtszüge und zeigen Elisabeth mit ihrer Familie.

Ebenfalls in der Augustinerstraße befindet sich ein bedeutendes Zeugnis des Neuen Bauens der späten 1920er-Jahre: das **AOK-Gebäude.** Der kastenförmige Bau wurde von dem Architekten Theo Kellner, einem Schüler Lyonel Feiningers, entworfen und befindet sich gegenüber vom Augustinerkloster 20.

Am südlichen Ende der Lehmannsbrücke steht, etwas zurückgesetzt, die **Georgenburse** [I E2]. Sie diente Studenten und Lehrkräften seit 1456 als Unterkunft – hier wohnte auch **Martin Luther.** Der ursprüngliche Komplex war deutlich größer, wurde jedoch im Februar 1945 bei einem Bombenangriff zerstört.

Direkt an der Brücke beginnt ein schmaler Weg entlang der Gera durch eine malerische Park- und Flusslandschaft, die sich **Venedig** nennt, benannt nach einem alten Färberhaus („Zur kleinen Venedige").

- Stadtbahn: 1, 5 bis Augustinerkloster
- **Georgenburse,** Augustinerstr. 27
- **Elisabethkapelle,** Augustinerstr., Führungen (3,50 €): Mai–Okt. Mo, Mi 15.30 Uhr (weitere Termine auf Anfrage), Anmeldung im Augustinerkloster 20

22 Andreasviertel ★ [I D3]

Dass das **beschauliche Quartier** überhaupt noch steht, ist dem Geldmangel der DDR, den Turbulenzen der Wende und dem Protest vieler Erfurter zu verdanken. Ursprünglich wollte man die Häuser schon in den 1960er-Jahren dem Erdboden gleich machen und eine vierspurige Straße in Richtung Domplatz 37 bauen, um so den innerstädtischen Ring zu schließen.

Glaubt man den alten Überlieferungen, wurde das Gebiet bereits

024ew Abb.: ms

Am Rande des Andreasviertels: Andreasstraße und Andreaskirche 23

Bis 1521 entwickelte sich die Lehranstalt zu einer der **meistbesuchten Universitäten Deutschlands.** Zu den Studenten zählten u.a. der Buchdruckerfinder Johannes Gutenberg, der Humanist Ulrich von Hutten und natürlich der große Reformator Martin Luther. Der **Niedergang** der Erfurter Universität begann **mit der Reformation.** Zu Beginn des 19. Jahrhunderts verzeichnete sie nur noch 20 Studenten und wurde schließlich im Jahr 1816 zugunsten der Humboldt-Universität Berlin aufgelöst. Ihre Neugründung erfolgte erst nach der Wende, am 1. Januar 1994, was sie nunmehr zur **jüngsten Alma Mater Deutschlands** macht.

› Stadtbahn: 3, 4, 6 bis Fischmarkt
› Michaelisstr. 39

27 Michaeliskirche ★★ [I E3]

Direkt gegenüber dem Collegium Maius 26 befindet sich die evangelische Michaeliskirche. Das **kleine gotische Gotteshaus** wurde zwischen 1278 und 1290 errichtet und 1451 erweitert. Sie diente lange Zeit als **Universitätskirche.** Während seiner Studienzeit besuchte **Martin Luther** regelmäßig die Messe; am 21. Oktober 1522 predigte er hier persönlich. Beachtenswert sind die 1652 fertiggestellte Compenius-Orgel, der 1633 geweihte Altar und der sechseckige Taufstein aus dem 15. Jahrhundert.

Besonders bemerkenswert ist jedoch der **Michaeliskirchhof**, zu dem man durch eine Tür gegenüber vom Haupteingang gelangt. Der überaus pittoreske Hof ist eine **Ruheoase** inmitten der Stadt. Sehenswert sind die alten Grabplatten, das Relief des hl. Martins (um 1500) und die über eine Holztreppe erreichbare Laasphekapelle. Im **Turm** der Kirche ist die **älteste Glocke der Stadt** zu finden: „Katharina“ wurde bereits im Jahr 1380 gegossen.

› Stadtbahn: 3, 4, 6 bis Fischmarkt
› Michealisstr. 11, www.freundeskreis-michaelis.de, Tel. 6422090, geöffnet: Mai–Sept. Mo–Sa 10–17, Okt.–Apr. Mo–Sa 11–16 Uhr, Sommertheater und Sommerkonzerte s. Aushänge

28 Michaelisstraße ★★★ [I E3]

An der Michaeliskirche beginnt der südliche Teil der Michaelisstraße, die auch gern als „steinerne Chronik Erfurts“ bezeichnet wird. So sind hier einige der bemerkenswertesten Bauten der Stadt zu sehen.

Den Anfang macht der **Kulturhof Krönbacken** (s. S. 68), der direkt neben der Kirche liegt. Die ältesten, frühgotischen Gebäudeteile des einst von einem jüdischen Kaufmann erbauten Handelshofes verweisen auf das 12. Jh. Der spätgotische Torbogen wurde 1534 fertiggestellt (Jahreszahl im Schlussstein), das prächtige Renaissanceportal 1561 eingesetzt. Es zieren korinthische Säulen, alte Sitzsteine, die Wappen der einstigen Besitzer und der Hausspruch: „Gott spricht es, so geschieht es.“ Einen Abstecher lohnt der **Fachwerkinnenhof**, der im Sommer Schauplatz von Kulturveranstaltungen ist. Dominiert wird dieser von einem alten Waidspeicher, dessen Baubeginn auf das Jahr 1468 datiert.

An den Kulturhof schließt sich das seit dem 18. Jh. bestehende Gasthaus **Zum Goldenen Schwan** (Nr. 9) an. Das aus zwei 1535 vereinten Gebäudeteilen bestehende Haus ist **eines der ältesten der Stadt.** Keller und Erdgeschoss gehen auf das Jahr 1200 zurück, das Holz für den Türsturz wurde schon im Jahr 1186 gefällt.

In dem 1549 im Renaissancestil umgebauten **Haus zum Schwarzen Horn** (Nr. 48) hatte die bedeutende **Druckerei des Wolfgang Schenck** ihren Sitz. Er veröffentlichte zu Beginn des 16. Jh. u. a. das Erfurter Enchiridion, eines der ersten protestantischen Gesangbücher, und die ersten beiden Rechenbücher des seinerzeit in Erfurt wohnenden Mathematikers **Adam Ries.** Eine Büste und eine Gedenktafel im Gehwegpflaster erinnern daran.

› Stadtbahn: 3, 4, 6 bis Fischmarkt

29 Armenburse ★★ [I F3]

Zwischen Collegium Maius 26 und Michaeliskirche 27 führt die **Studentengasse** [I E3] in Richtung des Flusses Gera. Nach einer Wegbiegung erreicht man auf der linken Seite ein **kleines, gelbes Doppelhaus.** Dabei handelt es sich um die Armen- bzw. **Studentenburse** der alten Universität. Die Alma Mater forderte von ihren Studenten, in studentischen Gemeinschaften, sogenannten Bursen, zu wohnen. Diese Burse war im 15./16. Jh. speziell für mittellose Studiosi gedacht.

Umrundet man das Gebäude, so fällt auf, dass es besonders **weit über das Wasser ragt.** Der Grund hierfür ist, dass Bürger Steuern im Mittelalter nur für auf festem Grund stehende Gebäudeteile entrichten mussten. Daher versuchte man, soweit statisch machbar, die Obergeschosse breiter zu bauen als die Untergeschosse – eine Bauweise, die sich bei vielen Fachwerkhäusern beobachten lässt. Im Fall der Armenburse ging man noch einen Schritt weiter und ließ gut ein Drittel des Hauses überhängen.

› Stadtbahn: 3, 4, 6 bis Fischmarkt
› Kreuzsand 9/10

023ew Abb.: ms

Gewagt gebaut: die Armenburse „hängt" über dem Flüsschen Gera

30 Mittelalterliche Mikwe ★★ [I F3]

Erfurt ist eine Stadt voller Geschichte. Und so verwundert es eigentlich kaum, dass man bei nahezu allen Tiefbauarbeiten auf Überreste längst vergangener Zeiten stößt. Dass man jedoch 2007 eine äußerst gut erhaltene mittelalterliche Mikwe freilegte, war allerdings eine **kleine Sensation.**

Die jüdische Gemeinde Erfurts besaß schon im 12. Jh. ein solches **rituelles Tauchbad,** das von Unreinheiten im religiösen Sinne befreien sollte. Von der ersten Mikwe ist noch die Südwand erhalten, die im 13. Jh. Teil eines neuen Bades wurde. Dieses war 9 m lang und knapp 3 m breit und befand sich direkt an der Gera. Es wurde jedoch nicht von verschmutztem Flusswasser gespeist, sondern von frischem Quell- und Grundwasser. Nach dem **Pogrom im Jahr 1349** musste das Gebäude repariert werden, verfiel jedoch nach weiteren Judenverfolgungen und geriet zunächst in Vergessenheit.

Die Mikwe kann im Rahmen von **Führungen** besichtigt werden. Ansonsten gibt ein Fenster in der modernen Schutzhülle den Blick auf einen kleinen Teil des Bades frei.

- Stadtbahn: 3, 4, 6 bis Fischmarkt
- Kreuzgasse, Tel. 6551666, Führungen: Nov.–März Do 15, April–Okt. Do 16, Sa 14 Uhr, gratis, Treffpunkt an der Mikwe

31 Waagegasse ★★★ [I E3]

Die Gebäude in der urtümlichen, 1399 erstmals erwähnten Waagegasse können so manche Geschichte erzählen. Ihr Name leitet sich von den großen Waagehäusern ab.

Die **beiden ältesten Waagehäuser der Gasse** stehen an der Ecke zur Michaelisstraße 28. Durchziehende Kaufleute mussten hier infolge des mittelalterlichen **Stapelrechts** alle Waren zunächst abladen, verzollen und drei Tage lang zum Kauf anbieten. Die Gebäude dienten auch als Unterkunft und Gasthaus für Händler. Sie wurden im 15. Jh. errichtet und bis 1712 genutzt. Nach dem Ausbruch einer **Pestepidemie** zog die Waage an den Anger um (heute Angermuseum 3).

In Richtung Michaelisstraße wird die Waagegasse von **hohen Back- und Sandsteinmauern** dominiert, durch die ein Durchgang zur Alten Synagoge 32 führt. In Richtung Allerheiligenstraße 33 sind weitere stattliche, dreigeschossige **Speicherhäuser** aus dem 16. und 17. Jh. zu bewundern. Die Waagegasse ist hier recht verwinkelt. Was aus heutiger Sicht verkehrstechnisch eher problematisch ist, war vor 500 Jahren praktisch, führte die Straße doch stets auf jede Toreinfahrt zu, welche sich so direkt ansteuern ließen. **Eck- oder Kratzsteine**, wie wir sie noch heute hier vorfinden, wiesen die teils mehrspännigen Fuhrwerke in die richtige Richtung; sie halfen dabei, **„die Kurve zu kratzen"** und die Häuserecken zu schonen.

Ein **architektonisches Phänomen** ist das **Haus mit der Nr. 1** (Faustfood, s. S. 66). Von der Allerheiligenstraße betrachtet, scheint das Gebäude zunächst nur aus einem Giebel zu bestehen. In der Tat wurde sein Dach baulich sehr gekonnt versteckt!

- Stadtbahn: 3, 4, 6 bis Fischmarkt

022ew Abb.: fo©drsg98, stock.adobe.com

Ein Blick in die Geschichte: die Waagegasse präsentiert sich verwinkelt und mit altem Kopfsteinpflaster

EXTRATIPP

Thüringisch schlemmen
Blickt man von der Allerheiligenstraße 33 in die Waagegasse 31, so sieht man sie meist schon: die lodernden Flammen des Indoorgrills im **Faustfood** (s. S. 66). Das herzhafte Essen, z. B. Thüringer Rostbratwurst und Thüringer Rostbrätel (gegrilltes Schweinenackensteak), überzeugt. Ideal für eine deftige Pause zwischendurch.

32 Alte Synagoge ★★★ [I F3]

Dass es im mittelalterlichen Erfurt eine große jüdische Gemeinde gab, war bekannt. Doch ob aus deren Anfängen noch etwas erhalten geblieben war, wusste lange Zeit niemand. Erst Ende der 1980er-Jahre gab es erste Untersuchungen, die nach der Wende Erstaunliches zutage brachten: Hinter der Fassade eines maroden, versteckt gelegenen und kaum bekannten Hinterhofhauses verbarg sich die älteste bis zum Dach erhaltene Synagoge Europas.

Holzanalysen zeigten bald, dass mit dem Bau der Alten Synagoge schon **vor 900 Jahren** begonnen worden war. Doch damit nicht genug: Bei Bauarbeiten für einen Neubau in der angrenzenden Michaelisstraße 28 wurde 1998 **eine im Mauerwerk klemmende Silberschale** geborgen. Da Bauarbeiter vermuteten, es handele sich um ein einfaches Stück Zinn, landete der Fund zunächst im Bauwagen. Zum Glück untersuchten Archäologen die Schale genauer und stießen bei anschließenden Nachgrabungen auf einen Schatz, der diese Bezeichnung zu Recht trägt.

Die Geschichte der Alten Synagoge reicht bis in das Jahr 1094 zurück. Teile der **Westmauer** stammen aus dieser Zeit. Größere Umbauten erfolgten im 12. Jh., als die Synagoge deutlich erweitert wurde. Zur damaligen Zeit lebten die Erfurter Juden im Viertel zwischen Rathaus 9, Krämerbrücke 11 und Michaeliskirche 27. Sie waren als Kaufleute, Rabbiner und Gelehrte tätig – bis Mitte des 14. Jh., als die **Pest** in Europa wütete. Ihr fiel fast 50 % der Bevölkerung zum Opfer. Als Wanderprediger die Juden beschuldigten, Brunnen zu vergiften und so die tödliche Krankheit auszulösen, gab es für den Mob kein Halten mehr. Die gesamte jüdische Bevölkerung Erfurts wurde während des **Pogroms im Jahr 1349** ausgelöscht. Neue jüdische Gemeinden konnten sich aufgrund wirtschaftlicher Krisen in den Folgejahren nicht lange halten, sodass es 1453 zum Verkauf aller jüdischen Gebäude kam. Auch die Alte Synagoge war betroffen, die fortan 500 Jahre lang als **Lagerhaus** diente. Im 19. Jh. integrierte man das Haus in die Gaststätte Zur Feuerkugel und baute es teilweise zum **Tanzsaal** um. Ein Glücksfall, denn so war die Synagoge als solche nicht mehr erkennbar und **überdauerte die Zeit des Nationalsozialismus.**

Bei einer Besichtigung kann der Besucher über Kopfhörer in die wechselvolle Geschichte des Hauses eintauchen. Zu sehen sind der Tanzsaal aus dem 19. Jh. und natürlich der einmalige **Erfurter Schatz im Keller** des Hauses. Er besteht aus 3141 Silbermünzen, 14 Silberbarren sowie über 700 gotischen Gold- und Silberschmiedearbeiten – das **Familienkapital des jüdischen Händlers Kalman von Wiehe**, das er während des Pestpogroms aus Angst vor Plünderungen in der Kellerwand eines Hauses in der Michaelisstraße versteckte. Prunkstück des Schatzes ist der **Hochzeitsring**, in den auf Hebräisch „Masel tov" („Viel Glück") eingraviert ist. Er ist einer von weltweit drei Hochzeitsringen und gilt als der filigranste und am kunstvollsten verarbeitete.

An Wohnorte jüdischer Bürger, die von den Nationalsozialisten ermordet wurden, erinnern orangefarbene, 1 m hohe **„DenkNadeln"**, die überall im Stadtgebiet zu finden sind.

› Stadtbahn: 3, 4, 6 bis Fischmarkt
› Waagegasse 8, http://juedisches-leben.erfurt.de, Tel. 6551520, geöffnet: Di–So 10–18 Uhr, Eintritt: 8 €, erm. 5 €, Familien 17 €

33 Allerheiligenstraße ★★ [I E3]

Eines der interessantesten Gebäude der historischen Allerheiligenstraße ist das spätgotische **Haus zum Güldenen Stern** (Nr. 11): Die Jahreszahl unter dem Erker verweist auf das Baujahr 1459, wobei die 4 als halbe 8 dargestellt ist. Das Haus beherbergte 1573 die erste Druckerei Mitteldeutschlands. Weitere historische Bauten sind das 1533, in der Übergangszeit von der Gotik zur Renaissance erbaute **Haus zum Güldenen Sternberg** (Nr. 8) und die von Waidhändlern (s. S. 48) Ende des 16. Jh. errichteten Renaissancebauten **Haus zur Windmühle** (Nr. 6) und **Haus zum Blumenstein** (Nr. 5).

Wichtige Bauwerke sind zudem die **Engelsburg** 34 und die **Allerheiligenkirche** mit ihrem 53 m hohen Turm. Sie wurde 1117 gegründet und im 14. sowie im 19. Jh. umgestaltet. Das Gotteshaus beheimatet im Nordschiff seit 2007 eine **Urnenbegräbnisstätte** mit 15 Stelen, in der sich Christen und Nichtchristen bestatten lassen können.

› Stadtbahn: 3, 4, 6 bis Domplatz
› **Allerheiligenkirche**, Allerheiligenstr. 21, geöffnet: Vorraum Mo–So 10–18 Uhr

34 Engelsburg ★★ [I E3]

Die Engelsburg wurde im 16. Jh. rege vom bekannten **Erfurter Humanistenkreis** genutzt. Auch **Luther** war hier häufig zu Gast. Das Hauptgebäude wurde 1952 abgerissen, die Nachbarhäuser, wie das schon 1125 erbaute Steinhaus, blieben jedoch erhalten.

Der Komplex, zu dem auch ein idyllischer Fachwerkinnenhof gehört, wird nun vom Studentenzentrum der Stadt genutzt. Zu dem Gelände gehören das **Steinhaus**, eine Restaurant-Kneipe mit Biergarten, der **ClubKeller Eburg** (s. S. 71) und das Café DuckDich.

› Stadtbahn: 3, 4, 6 bis Domplatz
› **Studentenzentrum Engelsburg e. V.**, Allerheiligenstr. 20/21, https://engelsburg.club, Tel. 244770

35 Marktstraße ★★ [I E4]

Die Marktstraße wurde erstmals 1223 unter dem Namen *Lata Platea Erphordie* („die Straße Erfurts") erwähnt. Sie war ein Teil der Via Regia (s. S. 23) und ist seit jeher eine Verbindungsstraße zwischen den Märkten der Stadt. Gesäumt wird sie von Häusern des 15. bis 19. Jh.

Besonders erwähnenswert ist das 1570 und 1677 im barocken Stil umgebaute **Haus zum Großen Pflug und Großen Siebenbürgen** (Nr. 21), dessen älteste Gebäudeteile auf das Jahr 1108 zurückgehen.

Spannend sind auch der gegenüberliegende beschauliche **Markthof** (Nr. 34 b), auch bekannt als Haus zum Großen und Kleinen Stör von 1716, der **Chrestensenhof** (Nr. 38) aus dem 16. Jh. und das 1767 im barocken Stil umgestaltete **Haus zum Goldenen Rad** (Nr. 50).

› Stadtbahn: 3, 4, 6 bis Fischmarkt und Domplatz

025ew Abb.: ms

36 Große Arche ★★ [I E4]

Prächtigstes Anwesen der Straße ist das **ockerfarbene Haus zum Sonneborn** (Nr. 6). Es wurde 1546 im Renaissancestil erbaut. Original erhalten sind die Bohlenstube, die aus verschiedenfarbigen Putzschichten bestehenden Sgraffiti und das Portal. 1984 erfolgte eine Sanierung und Umgestaltung zum **Standesamt und Hochzeitshaus.** Blickfang ist das schmiedeeiserne Brunnenhaus aus dem Jahre 1988.

Neben dem Gebäude steht das 1557 erbaute **Haus zum Güldenen Flügel** (Nr. 16), mit einer wunderschön gearbeiteten Holztür. Weitere Waid- und Biereigenhöfe sind das **Rote Haus** (Nr. 14), in dem das interessante **Naturkundemuseum Erfurt** (s. S. 68) untergebracht ist, und der **Waidspeicher** in der Mettengasse. Der Speicher zum Lagern und Trocknen von Färberwaid (s. S. 48) wurde zwischen 1540 und 1560 erbaut und beherbergt heute das **Theater Waidspeicher** (s. S. 72), ein Puppentheater, und das **Kabarett „Die Arche"** (s. S. 72). Direkt gegenüber sieht man die rückwärtige Seite der Häuser in der Marktstraße 35. Ein weißes, zwischen zwei Fachwerkgebäuden gelegenes Gebäude ist mit einer Breite von rund 3 m das **schmalste Haus der Stadt.**

› Stadtbahn: 3, 4, 6 bis Domplatz

37 Domplatz ★★★ [I D4]

Eine sagenhafte Größe von 3,5 ha und Platz für rund 60.000 Menschen: Der riesige Domplatz ist heute der größte Altstadtplatz Deutschlands.

Diese enormen Ausmaße hatte der Markt nicht immer. Vielmehr standen im Nordteil bis 1813 noch Häuser. Diese wurden jedoch beim Artilleriebeschuss der von den Franzosen besetzten Zitadelle Petersberg 41 durch die Heere Preußens, Österreichs und Russlands zerstört. Die **unterschiedliche Pflasterung** markiert die Grenze zwischen dem alten und dem neuen Teil.

⌃ Von der Großen Arche aus erkennbar: das schmalste Haus Erfurts ist nur 3 m breit

„Blau machen“ mit Waid

Mit dem zunehmenden Anbau von Flachs und der wachsenden Leinen- und Wollverarbeitung wuchs im Mittelalter die ***Nachfrage nach färbenden Stoffen.*** *Dabei führte kein Weg an der* ***Waidpflanze*** *(auch bekannt als Färberwaid oder Pastel) vorbei, denn nur diese besaß* ***zuverlässige blaufärbende Eigenschaften.*** *Das Farbpulver war so wertvoll, dass es mit Gold aufgewogen wurde und seinen Besitzer, den Waidjunker,* ***„stinkreich“*** *machte. Dies war durchaus wörtlich zu nehmen, denn um Waid zu Farbe verarbeiten zu können, musste die Pflanze immer wieder* ***mit Wasser und Urin vermengt*** *werden und ein halbes Jahr gären, was für einen üblen Duft in der Stadt sorgte. Den Urin lieferten die Waidknechte: Sie durften sich in einer der rund 600 Hausbrauereien (s. S. 36) einen „Pegel“ trinken und anschließend „blau machen“.*

Urkunden bestätigen, dass mit dem Waidanbau in den Dörfern des Thüringer Beckens im 13. Jh. begonnen wurde. Nach der Ernte wurde der Waid gewaschen, getrocknet und anschließend in der Waidmühle unter großen Mühlsteinen zerquetscht. Das halbfertige Produkt musste nun auf ***dem großen Waidmarkt Erfurts,*** *dem* ***Anger*** *1, an die Waidjunker verkauft werden. Anfang des 17. Jh. begann* ***Indigo,*** *Waid als Färbemittel zu verdrängen, was zu einem extremen Rückgang des Waidanbaus und -handels führte.*

Gekrönt wird der Platz vom **Domberg.** 70 Stufen, die sogenannten Graden (lat. für „Stufe“), führen seit dem 15. Jh. hinauf zum Dom St. Marien 39 und zur Severikirche 40, welche zusammen eine wahrlich **einmalige Kulisse** bilden. Der höchste Turm der Severikirche misst 73 m, jener des Domes 69 m. Rechnet man den Domberg mit hinzu, überragen sie den Platz um 86 bzw. 81 m.

Den **Mittelpunkt** des Domplatzes bildet der 18 m hohe, im Jahre 1777 errichtete **Obelisk.** Er erinnert an den ersten Erfurt-Aufenthalt des Mainzer Erzbischofs Friedrich Karl Joseph von Erthal (1719–1802). Ganz in der Nähe befindet sich der **Minervabrunnen** (1784). Er ist der letzte von einst 55 Laufbrunnen, die der Wasserversorgung der Stadt dienten. Viele sehenswerte **Fachwerk- und Bürgerhäuser aus vier Jahrhunderten** flankieren den Domplatz; zu den geschichtsträchtigsten Gebäuden zählt dabei das Gasthaus Hohe Lilie 38.

Der Domplatz dient heute, wie schon im Mittelalter, als **Marktplatz.** Auch gibt er Raum für diverse **Großveranstaltungen,** wie den Besuch von Papst Benedikt XVI. im Herbst 2011, die DomStufen-Festspiele (s. S. 9) im Juli oder die „Martini“-Feier (s. S. 10) im November.

Zur **Wendezeit** war der Domplatz zudem **Endpunkt der Demonstrationszüge.** Zu einer der größten Protestveranstaltungen außerhalb von Berlin und Leipzig versammelten sich hier und in den Nebenstraßen rund 80.000 Bürger, also rund ein Drittel der damaligen Stadtbevölkerung.

› Stadtbahn: 3, 4, 6 bis Domplatz

Domplatz-Panorama 37: der Obelisk und die Allerheiligenkirche

38 Gasthaus Hohe Lilie ★ [I E4]

Bereits seit dem Jahr 1341 ist die Hohe Lilie ein Gasthaus. 1522 stieg hier **Martin Luther**, verkleidet als **Junker Jörg**, auf dem Wege zur Wartburg ab. 1578 kehrte Kurfürst August von Sachsen ein, 1631/32 König Gustav Adolf II. von Schweden und 1817 der preußische König Friedrich Wilhelm III. Einer der Eigentümer der Hohen Lilie, Ratsherr Heinrich Wilhelm Ludolf, gilt als Begründer der Slawistik. Das Haus selbst wurde nach einem Stadtbrand 1478 unter Einbeziehung des mittelalterlichen Kellers im Renaissancestil erbaut und 1538 umgestaltet. Das Gasthaus beherbergt heute einen Ableger des Münchener Hofbräuhauses.

› Stadtbahn: 3, 4, 6 bis Domplatz
› Domplatz 31

39 Dom St. Marien ★★★ [I D4]

70 Stufen über der Stadt: Der Erfurter Dom besticht durch seine einzigartige Lage auf dem Domberg und durch seine kostbare Ausstattung. Der mittelalterliche Turm beherbergt einen besonders klangvollen Schatz – die Glocke „Gloriosa", die ihrem Namen alle Ehre macht.

Erklimmt man den Domberg über die Domstufen, so läuft man an den Gewölben des Chorunterbaus, den sogenannten **Kavaten**, vorbei. Oben angekommen, gelangt man durch ein schmiedeeisernes Tor zu einem kleinen Platz. Er wird überragt von Dom und Severikirche 40. Beide Sakralbauten wurden im Laufe der Jahrhunderte so weit vergrößert, dass sie nunmehr auf 5 m „aneinandergerückt" sind.

Die Geschichte des Doms reicht bis in das Jahr 728 zurück, als der **hl. Bonifatius** (um 673–um 754) auf dem heutigen Domberg eine Kirche errichten ließ. Davon jedenfalls zeugen mündliche Überlieferungen. Eine erste urkundliche Nennung von St. Marien verweist auf das Jahr 1117.

Den Eingangsbereich des Doms bildet das um 1330 erbaute **Triangelportal**. Die dem Domplatz 37 zugewandte Seite schmücken u. a. die Figuren der zwölf Apostel. An der Westseite ist der Zyklus der fünf klugen und fünf törichten Jungfrauen zu sehen. Betritt man den Dom, so fällt linker Hand das um 1420 angefertigte Altargemälde auf. Das berühmte **Triptychon** stellt die Ankündigung der

026ew Abb.: ms

027ew Abb.: ms

Geburt Jesu durch den Erzengel Gabriel allegorisch als Einhornjagd dar.

Den besten Eindruck von den Ausmaßen der 88 m langen Kirche erhält man von den Stufen des Chorhalses. Dieser verbindet das gotische Langhaus mit dem Hohen Chor, der in seiner heutigen Gestalt zwischen 1370 und 1372 entstand. Er ist stolze 25 m hoch und 33 m lang. Die Atmosphäre dieses Raumes bestimmen Kunstwerke von herausragender Qualität. Zum einen ist dies der fast komplett erhaltene, deutschlandweit einmalige **spätgotische Glasgemäldezyklus** (1370–1420), dessen bekanntestes Fenster auf der Nordseite in sechs Szenen das Leben des hl. Bonifatius darstellt. Der gewaltige **barocke Hochaltar** wurde zwischen 1697 und 1706 geschaffen. Deutlich älter ist das 17,5 m lange **Chorgestühl**, dessen Eichenholz schon 1328/29 gefällt wurde. Es ist eines der am besten erhaltenen Gestühle aus dem Mittelalter. Eingerahmt werden die 89 Chorstühle von einer eigenwilligen, beeindruckenden Bilderwelt: Szenen aus dem Alten und dem Neuen Testament und Schnitzplastiken von sinnlichen Frauen, entrückten Trompetenbläsern, musizierenden Engeln und bedrohlichen Fratzen.

Läuft man nun durch den Chorhals zurück, so entdeckt man linker Hand eine Nische. Hier befindet sich die romanische, um 1160 geschaffene **„Stuckmadonna"**, die den noch kindlichen Jesus auf ihrem Schoß hält. Aus der gleichen Zeit stammt der zweiarmige Leuchter des **„Erfurter Wolfram"**. Die 1,5 m hohe Bronzefigur eines christlichen Büßers gilt als die älteste freistehende Gussplastik Deutschlands. Daneben sind weitere Kunstschätze zu sehen, z. B. die Nachbildung des Heiligen Grabes in Form einer um 1450 geschnitzten Truhe. Der in ihr befindliche Corpus Christi ist vermutlich noch 30 Jahre älter, die Bemalung hingegen deutlich jünger.

Wahrlich eindrucksvoll: Dom St. Marien **39** *und Severikirche*

KURZ & KNAPP

„Gloriosa" – Glockenpracht im Erfurter Dom

Nur selten kann man sie hören, die **„Gloriosa" („Ruhmreiche").** Mit einem Gewicht von 11,45 t, einer Höhe von 2,62 m und einem Durchmesser von 2,56 m ist die Glocke im Dom St. Marien 39 die **größte frei schwingende mittelalterliche Glocke der Welt.** Gegossen wurde sie in der Nacht vom 7. zum 8. Juli 1497 von Gerhard Wou. Mit ihrem **tiefen, wuchtigen Ton** zählt sie zu den **klangschönsten Glocken** weltweit. Ein Genuss für die Ohren, ist sie aber auch eine Belastung für das Mauerwerk. Und so erklingt sie nur an **besonderen Feiertagen:** zu Neujahr, am Dienstag vor Ostern, am Ostersonntag, am Pfingstsonntag, am 15. Aug. (Mariä Himmelfahrt), am 10. Nov. (Vorabend des Martinstages) und am 25. Dez.

› **Läuteordnung:** www.dom-erfurt.de (unter „Sehen und Entdecken")

Das größte Gemälde der Kirche ist das überdimensionale **Wandbild des hl. Christophorus.** Es wurde 1499 mit Ölfarbe direkt auf den Sandstein aufgebracht und umfasst unglaubliche 52 m². Im Hintergrund rechts ist der Dom erkennbar.

Zu Füßen des Heiligenbildes ist die Deckplatte eines zwischen 1250 und 1275 entstandenen Grabmahls zu sehen. Es zeigt den **Thüringer Grafen von Gleichen** zwischen zwei Frauen. Glaubt man der **Sage,** sollen dies seine beiden Gemahlinnen sein. Der Papst persönlich gab angeblich seine Erlaubnis zu dieser **Doppelehe.** Kunsthistoriker gehen jedoch davon aus, dass hier seine Frau und seine Mutter dargestellt sind.

Am westlichen Ende des Kirchenschiffs ist die 1992 erbaute **Schuke-Orgel** mit 4400 Pfeifen zu sehen. Daneben steht der prächtige, 1587 angefertigte **Taufstein** mit einem 18 m hohen Überbau. Gegenüber befindet sich der **Katharinenaltar,** dessen Mittelpunkt das um 1520/30 von Lucas Cranach d. Ä. geschaffene Gemälde „Verlobung der hl. Katharina" bildet.

Ein besonderes Highlight stellt die **Hauptglocke des Doms** dar: **„Gloriosa"** (s. links).

› Stadtbahn: 3, 4, 6 bis Domplatz
› Domplatz, www.dom-erfurt.de, Tel. 6461265, geöffnet: Mai–Okt. Mo–Sa 9.30–18, So 13–18 Uhr, Nov.–April Mo–Sa 9.30–17, So 13–17 Uhr, Öffentliche **Domführung** tgl. 14 Uhr (4,50 €); **Führungen in der Domschatzkammer** (4,50 €), **Glockenführungen** (April–Okt., 2,50 €) nach tel. Voranmeldung, Zeiten s. Website

40 Severikirche ★★ [I D4]

Die zweite Kirche des Erfurter Domberg-Ensembles beeindruckt durch ihre Raumwirkung und die zahlreichen Kunstschätze.

Die **fünfschiffige Hallenkirche,** die mindestens zwei Vorgänger hatte, wurde zwischen 1278 und 1340 erbaut, finanziert durch die Einnahmen aus Ablassbriefen. Nach einem Stadtbrand im 15. Jh. wurde ein beeindruckendes Walmdach aufgesetzt und ein neuer Mittelturm errichtet.

Im Gegensatz zum Dom ist die gotische Severikirche eine **Gemeindekirche** und gehörte einst zum Stadtviertel am Domplatz 37. Sie macht auf den Besucher einen erhabenen, zugleich filigranen Eindruck.

Hält man sich hinter dem Eingang rechts, kommt man zunächst zu einem wertvollen, 1467 aus Alabaster (Gips) gefertigten **Relief des Erzen-**

028ew Abb.: ms

gels Michael. Beeindruckend ist der Kontrast zwischen dem zu Boden geworfenen Teufel und der geretteten Seele des Verstorbenen, dargestellt durch einen Menschen auf dem Arm des Erzengels. Schräg gegenüber ist ein dem hl. Severus geweihter Altar zu sehen, dem Namensgeber von St. Severi. Daneben beginnt der **Chorraum.** Flankiert wird dieser von der Madonnenskulptur „Maria mit dem Kinde“ (um 1350) und einer Plastik Johannes des Täufers (um 1365). Gekrönt wird der Chor vom frühbarocken Hochaltar (um 1670/80).

Der dreiteilige, spätgotische **Marienaltar** stammt aus dem Jahre 1510, die Epitaphkanzel schräg gegenüber aus dem Jahre 1576. Die beiden Säulen vor der Kanzel, gegenüber dem Haupteingang, zieren die aus Sandstein gefertigte Plastik der hl. Katharina von Alexandrien, der Schutzpatronin der Schulen, und eine weitere Skulptur Johannes des Täufers.

Im Westteil des Kirchenschiffs stehen der spätgotische **Taufstein,** die barocke Orgel aus dem Jahre 1714 und das zwischen 1360 und 1370 geschaffene **Grabmal des hl. Severus,** der um 344 in Ravenna starb und dessen Gebeine hier ruhen. An der Seite des Sarkophags sind die Heiligen Drei Könige samt Diener und drei Kamelen in Stein gemeißelt.

Unweit des Grabmahls liegt die 1363 angebaute **Blasiuskapelle.** Zu sehen ist hier ein opulenter, 1510 geschaffener Flügelaltar, den „Maria im Strahlenkranz“ ziert. Das prachtvolle Epitaph (Denkmal) vor der Kapelle stammt aus der Zeit des Übergangs von der Renaissance zum Barock (Manierismus).

› Stadtbahn: 3, 4, 6 bis Domplatz
› **St.-Severi-Kirche,** Domplatz, www.dom-erfurt.de, Tel. 6461265, geöffnet: Mai–Okt. Mo–Sa 9.30–18, So 13–18 Uhr, Nov.–Apr. Mo–Sa 9.30–17, So 13–17 Uhr

41 Zitadelle Petersberg ★★ [I C3]

Neben Dom St. Marien 39 und Severikirche 40 überragen die 21 m hohen **Festungsmauern** des Petersbergs den Domplatz 37. Nachdem die plateauartige Erhebung über Jahrhunderte hinweg erst Jägern und Sammlern und später Kelten und Germanen als **Fluchtburg und Kultstätte** diente, begann man um das Jahr 800 mit der Anlage einer **Königspfalz.** Über 100 teils **geschichtsträchtige Reichstage** fanden hier statt. Hier erkor 936 Heinrich I. seinen Sohn Otto I. zum Nachfolger und hier war es, wo sich 1181 Heinrich der Löwe per Kniefall Barbarossa (Friedrich I.) unterwarf. Genächtigt haben beide wohl im **angrenzenden Peterskloster,** mit dessen Errichtung man im 11. Jh. begann.

Ab dem 15. Jh. erhielt die Klosteranlage einen festungsähnlichen Charakter. Die Mauern hielten jedoch 1631 den Truppen König Gustav II. Adolf nicht stand, sodass Erfurt an die Schweden fiel. Nach dem Ende des Dreißigjährigen Krieges erlangte das bischöfliche Mainz erneut die Hoheit über die Stadt und baute die Festung weiter aus. Nach der Besetzung durch französische Truppen im Jahr 1802 kam es zur endgültigen Auflösung des Petersklosters. Elf Jahre später, im Anschluss an die Völkerschlacht bei Leipzig, fiel Erfurt an die Preußen. Auf dem Petersberg entstanden nun weitere Festungsgebäude, u. a. die **Defensionskaserne.** Erst 1963 endete die militärische Nutzung. Das Gelände sollte sozialistisch umgestaltet werden; die Pläne hierfür waren ehrgeizig und monumental. Da sie letztlich nicht umgesetzt wurden, zählt der Petersberg heute zu den **am besten erhaltenen barocken Stadtfestungen Deutschlands.**

Vom Domplatz aus führt ein breiter Weg hinauf zur Zitadelle. Dieser wird bis 2021 in Verbindung mit der BUGA zu einem barrierefreien Panoramaweg umgebaut. Unterwegs passiert man einen kleinen **Weinberg.** Er wurde 1991 neu gepflanzt und verweist auf die lange Weinbautradition am Petersberg. Die Festung selbst erreicht man durch das barocke, 1666 begonnene **Peterstor.** Dahinter führt der Weg nach rechts, vorbei am 1665 angelegten Exerzier- und Paradeplatz zum Panoramarestaurant **Glashütte Petersberg** (s. S. 63) und zum **Aussichtspunkt.** Vom „Balkon der Stadt" hat man einen wunderbaren Blick über Erfurt.

Folgt man ab hier der Festungsmauer nach links (Norden), kommt man an den Überresten der 1185 erbauten **Leonhardskapelle,** der ehemaligen Artilleriekaserne, und der Peterskirche vorbei. Unterwegs lohnt ein Blick hinab in den **Festungsgraben.** Hier ist u. a. das 1995 von Thomas Nicolai geschaffene „Denkmal des unbekannten Wehrmachtsdeserteurs" zu sehen.

Die 74 m lange **Peterskirche** ist eines der wenigen romanischen Bauwerke der Stadt. Durch Umbauten im 19. Jh. ist das zwischen 1103 und 1147 errichtete Bauwerk allerdings kaum noch als Kirche erkennbar. Das Mittelschiff wurde auf die Höhe der Seitenschiffe zurückgebaut, die Türme abgerissen und eine Holzdecke eingezogen. Ab 1819/20 diente die Kirche als Korn- und Mehlspeicher. Bis 2021 wird der Bau teilsaniert und anschließend im Rahmen der BUGA als Ausstellungsort zur Ver-

029ew Abb.: ms

Das Langschiff der Severikirche **40** *ist filigran gebaut*

Der Petersberg und das Erfurter Stadtwappen

fügung stehen. Beachtenswert ist die Südwand mit einem Kreuzigungsrelief (1370) und einer Ritzzeichnung eines Schmerzensmanns (um 1360).

Hinter der Kirche, neben dem verfallenen Kolossalbau der Defensionskaserne, führen Stufen hinab zu einem neu angelegten Park.

- Stadtbahn: 3, 4, 6 bis Domplatz
- **Glashütte:** Restaurant und öffentliche Toiletten (Erdgeschoss)
- **Führungen** durch die Horchgänge des Petersbergs: April–Okt. tgl. 17.30, Nov. Sa/So 17.30, Adventszeit tgl. 17.30 Uhr (mit Taschenlampe), Treffpunkt Eingangsportal Thüringer Landgericht (Domplatz 37 [I D4]), Dauer: ca. 1 Std., Anmeldung in der Touristeninformation (s. S. 66), Preis: 9 €, Kinder 5 €

42 Stadtviertel Brühl ★ [I C4]

Hinter dem Dom St. Marien 39, im Stadtviertel Brühl, entstand **eines der ersten Industriegebiete Erfurts.** Nach 1990 wurden viele der alten Fabrikgebäude abgerissen. Heute befinden sich hier der neu angelegte **Theaterplatz** [I C5] mit Resten der alten Stadtmauer, einem Wasserspiel und dem neuen Opernhaus.

Da Erfurt keine Residenzstadt war, gab es bis Mitte des 19. Jh. hier kein Theaterhaus. Erst 1867 ließ man eine Oper errichten, gut 25 Jahre später dann ein von Erfurter Bürgern finanziertes Schauspielhaus. Beide Gebäude waren nach der Wende stark baufällig. Doch anstatt diese zu sanieren, plante man aus Prestigegründen einen Neubau. Dieser wurde am 12.9.2003 eröffnet und trägt den Namen **Theater Erfurt** (s. S. 72), obgleich man sich auf Oper und Ballett konzentriert und die Sparte „Schauspiel" als Folge der Umstrukturierung in der Thüringer Theaterlandschaft nur noch mit wenigen Gastspielen vertreten ist. Die **Inszenierungen** lohnen dennoch einen Besuch.

- Stadtbahn: 4 bis Theater Erfurt

43 Lange Brücke ★ [I E4]

Unweit des Doms St. Marien 39 befindet sich die Lange Brücke. Wer sich ein wenig die Beine vertreten möchte, kann einen kleinen Abstecher einplanen und die Brücke über die romantische Stiftsgasse [I D5] und den idyllischen Fischersand [I D/E5] erreichen.

Die Lange Brücke führt über **zwei Arme der Gera,** den **Bergstrom** und den **Walkstrom.** Hier, wie auch in der abzweigenden Paulstraße [I E4], finden sich einige individuelle Läden (z. B. Moquadrat, s. S. 60). Beachtenswert sind die 1738 nach einem Brand neu errichtete **Sackpfeifenmühle** (Nr. 53), deren Obergeschoss auf einem Holzpfeiler ruht, und das **Haus zum Bürgerstreit** (Nr. 36), in dem Charlotte und Friedrich Schiller 1791 sechs Wochen lang wohnten.

- Stadtbahn: 3, 4, 6 bis Domplatz

44 Predigerkirche ★★★ [I E4]

Die Predigerkirche ist eine der interessantesten Kirchen der Stadt. Sie beeindruckt besonders durch ihr filigranes Mittelschiff und den ehrwürdigen Chorraum.

Die mächtige, 76 m lange und ab 1270 erbaute Basilika war einst Teil eines Dominikanerklosters und im 13. Jh. Wirkungsstätte des um 1260 unweit von Erfurt geborenen Mystikers und Theologen **Meister Eckhart** (1260–1328). Dieser

Das lang gestreckte Hauptschiff der Predigerkirche

030ew Abb.: ms

trat konsequent für eine spirituelle Lebenspraxis im Alltag ein. Seine unkonventionellen Behauptungen eckten an, sodass er kurz vor seinem Tod der Häresie angeklagt wurde. Das 1999 neu gestaltete **Nordportal** der Predigerkirche erinnert an den einflussreichen Philosophen. Geplant ist die Eröffnung eines Meister-Eckhardt-Zentrums.

1559 wurde die Predigerkirche zur **Hauptkirche des Erfurter Rates** und ist seit dieser Zeit evangelisch.

Ein auffälliges Baumerkmal im Inneren ist der **begehbare Lettner:** Diese „Mauer" trennt den Kirchenraum vom Chorraum, zu dem nur Priester und Mönche Zuritt hatten. Er stammt aus der Mitte des 15. Jh. und ist somit jüngeren Datums als die dahinter liegenden, um 1275 erbauten Chorschranken. Beachtenswert sind auch die sogenannte **Schmedestedtsche Madonna** (um 1350), eine Sandsteinfigur mit filigranem Gewand und einem Kind mit erstaunlich greisen Gesichtszügen, und das 1348 geschaffene Tafelgemälde „Kreuzigung im Gedräng", der sogenannte Kalvarienberg. Den Chorraum dominieren das zweireihige, schlichte Chorgestühl aus der Zeit um 1280, der 1492 angefertigte Schnitzaltar mit Kreuzigungsszenen und die sogenannten **Trümmerfenster,** die durch ihr Farbspiel beeindrucken. Diese schuf 1949 der Künstler Hans Hajna aus den Resten der im Krieg zerstörten mittelalterlichen Glasfenster. Original erhalten ist die **Wandmalerei „Marientod"** aus der Zeit um 1320 an der Südostseite des Hohen Chores.

Wendet man sich dem Ausgang zu, erblickt man das auffällige **barocke Orgelprospekt.** Es wurde 1648 von Ludwig Compenius geschaffen. Die Orgel selbst wurde 1977 von der Orgelbaufirma Schuke gefertigt. Die Predigerkirche besitzt eine **einmalige Akustik.** Zum Schluss lohnt noch ein Blick nach oben. Hier sind **im gotischen Gewölbe Schlusssteine** aus dem 13.–15. Jh. zu entdecken: Familienwappen wohlhabender Bürger, Zunftzeichen der Metzger, Goldschmiede, Schneider, Hutmacher, Fassmacher und Weber sowie biblische Darstellungen.

Am Platz vor der Kirche stehen der **Turm** der ehemaligen Paulskirche aus dem 15. Jh. und das zierliche Rokokowohnhaus **Zum Güldenen Heer** (Nr. 7).

- Stadtbahn: 3, 4, 6 bis Fischmarkt
- Predigerstr. 4, www.predigerkirche.de, Tel. 5626214, geöffnet: Apr.–Okt. Di–Sa 11–16, So 12–16 Uhr, Führungen ab 3 € (Anmeldung unter Tel. 6464310)

45 Barfüßerkirche ★★ [I F4]

Der Predigerkirche 44 gegenüber, am jenseitigen Flussufer, ist die **Ruine** der Barfüßerkirche zu erkennen. Das Gotteshaus gehörte einst dem Bettelmönchsorden der **Franziskaner**, die auch „Barfüßer" genannt wurden. Der Bau der Kirche wurde im Jahr 1291 begonnen, jedoch erst im 15. Jahrhundert vollendet. Am 11. Oktober 1529 predigte hier **Martin Luther.** Der deutsch-amerikanische Maler **Lyonel Feininger** (1871–1956) verewigte das Gebäude auf einigen seiner Bilder.

Am 27. November 1944 wurde die Barfüßerkirche von einer **Luftmine** schwer beschädigt. Allein der **Hohe Chor** konnte wiederhergestellt werden. In ihm werden die vor dem Bombenangriff rechtzeitig ausgelagerten Kunstgegenstände ausgestellt, unter anderem die Farbverglasungen von 1230–1240 und der Hochaltar von 1445. Der Chor ist außerdem ein Ausstellungsraum für mittelalterliche Kunst. Das noch immer äußerst imposante Langhaus, von dem nur noch zwei hohe Mauern stehen, wird **im Sommer** zum Schauplatz von Freiluft-**Theateraufführungen.**

- Stadtbahn: alle Linien bis Anger
- Barfüßerstr. 20, www.barfuesserkirche.de, Tel. 6551651, Mitte Mai–Mitte Nov. Di–So 10–18 Uhr

46 Ehemalige Statthalterei und Hirschgarten ★★ [I F5]

Wäre Erfurt Residenzstadt gewesen, hätten in der großen Vierflügelanlage Fürsten gewohnt und sie hätte den Namen „Schloss" getragen. Da hier aber „nur" der Kurmainzische Verwalter residierte, hieß sie lediglich Statthalterei.

Der rechte Flügel der prächtigen Vorderfront stammt aus der Zeit der Renaissance, der zwischen 1713 und 1720 entstandene linke Erweiterungsbau ist barocken Ursprungs.

Prägend für die Statthalterei waren die Jahre 1771–1802, als **Karl Theodor von Dalberg** Statthalter in Erfurt war. Er lud zu geselligen Empfängen, kümmerte sich aber besonders um die kulturelle Entwicklung der Stadt. **Goethe, Schiller, Wieland, Herder und Alexander von Humboldt** zählten zu seinen Gästen.

Während des Erfurter Fürstenkongresses im Kaisersaal 16 weilte hier ein weiterer illustrer Gast: **Napoleon.** Das Gebäude durfte in der Zeit seines Aufenthaltes ganz offiziell die Bezeichnung „Kaiserlicher Palast" tragen. Weitaus weniger mondän ist der heutige Name: **Thüringer Staatskanzlei** – seit 1995 ist das Haus nämlich Sitz des amtierenden Ministerpräsidenten. Außerdem finden hier häufig Ausstellungen, Vorträge und Konzerte statt.

Unmittelbar gegenüber der Staatskanzlei liegt der sogenannte **Hirschgarten.** Er geht auf den Statthalter von Warsberg zurück, der hier im 18. Jh. ein Rotwildgehege mit zwei Wachhäusern anlegen ließ. Das heutige Areal ist ungleich größer als vor 250 Jahren, da man zu DDR-Zeiten ein ganzes Stadtviertel dem Erdboden gleichmachte, um Platz für den Kulturpalast zu schaffen. Den zur Wende bereits fertiggestellten Rohbau nannte der Volksmund treffend „Schiffshebewerk“. Nach dem Abriss der Stahlkonstruktion wurde an gleicher Stelle ein **Park mit Spielplatz** angelegt.

› Stadtbahn: 2, 5 bis Angerbrunnen
› **Ehem. Statthalterei (Thüringer Staatskanzlei),** Regierungsstr. 73
› **Hirschgarten,** zwischen Regierungsstr. und Neuwerkstr.

47 Wigbertikirche ★ [I F5]

Die heutige Kirche wurde 1473 im spätgotischen Stil geweiht. Ihr Namenspatron **St. Wigbert** war ein **Gefährte des hl. Bonifatius**, dem **Stadtgründer Erfurts.** Zur Zeit der Reformation war St. Wigbert konfessionell heftig umstritten. 1606 wurde der Pfarrei letztendlich der katholische Glaube zugesprochen. Zu sehen sind Beichtstühle, Kanzel, Orgel und Kirchenbänke aus der Zeit des Barock, ein in Teilen erhaltener mittelalterlicher Flügelaltar und sechs Grabmale Mainzer Statthalter.

› Stadtbahn: 2 bis Angerbrunnen
› Regierungsstr. 74, Tel. 5507651. Tagsüber lässt sich der Vorraum der Kirche besichtigen.

48 Haus Dacheröden ★★ [I F5]

Haus Dacheröden entstand 1832 durch die Zusammenlegung der Häuser Zum Güldenen Hecht (Nr. 38) und Zum Großen und Neuen Schiff (Nr. 37). Letzteres ist ein Renaissancebau aus dem Jahre 1577 und war im 18. Jh. **Wohnsitz der Familie von Dacheröden.** Karl Friedrich von Dacheröden, Präsident der Erfurter Akademie gemeinnütziger Wissenschaften, machte sein Haus zu einem Mittelpunkt des geistigen und kulturellen Lebens in Erfurt. Hier verkehrten u. a. **Goethe, Schiller und Dalberg.** Im Jahr 1789 vermählten sich in diesem Gebäude Wilhelm von Humboldt und Caroline von Dacheröden sowie Friedrich Schiller und Charlotte von Lengenfeld. Außerdem waren Alexander von Humboldt, Bismarck und Moltke oft zu Gast. Heute beheimatet das Gebäude ein Literaturhaus.

› Stadtbahn: 2 bis Angerbrunnen
› Anger 38, Tel. 6551635, www.herbstlese.de

Entdeckungen außerhalb des Zentrums

49 egapark ★★★ [I A7]

Der „Garten Thüringens“ begeistert durch seine Größe und Blumenvielfalt – der ideale Ort zum erholsamen Flanieren.

Bis ins Jahr 1873 schützte Erfurt die südwestlich des Zentrums gelegene, zwischen 1480 und 1604 errichtete **Festung Cyriaksburg.** Nach deren Schließung wurde ein öffentlicher Park mit Blumenbeeten angelegt. Hier fand die erste Gartenschau der DDR statt, aus der später die **iga,** die **Internationale Gartenbauausstellung der sozialistischen Länder,** hervorging. 1961 begrüßte sie ihre ersten Besucher. Die iga war eine große Sache: Überall auf dem Gelände blühte und grünte es; in den Ausstellungshallen konnte man zeitweise noch nie zuvor gesehene Produkte von Bauern kapitalistischer Staaten bestaunen.

KLEINE PAUSE

Auftanken in Klosteratmosphäre

Eine **Oase der Ruhe** ist der hinter der **Wigbertikirche** 47 gelegene **einstige Klosterhof.** Dieser steht Besuchern Mo–Fr bis 18 Uhr offen. Der Eingang ist an der Barfüßerstraße [I F4].

Wahrscheinlich jedoch weckten diese zu große Gelüste, denn bald durften nur noch Produkte der sozialistischen Bruderländer ausgestellt werden.

Der egapark ist heute mit 36 ha einer der größten deutschen Garten- und Ausstellungsparks. Die **denkmalgeschützte Anlage** verströmt noch immer hie und da den **Charme der 1960er-Jahre**, was durchaus beabsichtigt ist, denn die geschwungenen Holzbänke, gusseisernen Pflanzkübel, Pavillons und Ausstellungshallen haben kulturhistorischen Wert.

Bei einer **Rundfahrt mit dem Elektrobus** (5 €) verschafft man sich einen Überblick über das Gelände. Neben dem mit 6000 m² **größten Blumenbeet Europas** sind vor allem die thematischen Gärten sehenswert: der Japanische Garten, die Festung Cyriaksburg mit **Gartenbaumuseum** (s. S. 68) und Aussichtsturm und der Skulpturengarten. Kleine Gäste überzeugen der **riesige Spielplatz** und der **Kinderbauernhof.** Die Pflanzenschauhäuser wichen dem ambitionierten Projekt des Wüsten- und Urwaldhauses Danakil, das im April 2021 eröffnen wird. Auch das Außengelände der ega wird im Rahmen der BUGA umgestaltet werden.

› Stadtbahn: 2 bis egapark, unterer Eingang: Gothaer Platz

› Gothaer Str. 38, www.egapark-erfurt.de, Tel. 5643737, geöffnet: Mitte März–Ende Okt. tgl. 10–18 Uhr, sonst 10–16 Uhr, Eintritt: März–Okt. 8 €, ab 17.30 Uhr 2 €, Kinder unter 6 Jahre gratis, Familienkarte 22 €, Bollerwagenverleih, Nov.–Feb. Anlage gratis

50 Thüringer Zoopark Erfurt ★

Der 63 ha große Zoo wurde 1959 auf dem Roten Berg im Norden der Stadt gegründet. Die Anlage ist recht **weitläufig** und wird **nach und nach saniert** und umgebaut, sodass der bislang typische DDR-Stil zunehmend weicht. Zu sehen sind rund **3500 Tiere** von insgesamt **420 Arten.** Highlights sind die Löwen- und die Afrikasavanne, die Nashornanlage, der Berberaffenberg und die große Elefantenanlage. Außerdem gibt es u. a. Kängurus, Bisons, Zebras, Erdmännchen, Geparde, Haflinger, Lemuren und Giraffen. Auf **Kinder** warten große Spielplätze, ein Indianercamp, ein Waldlehrpfad und ein Streichelgehege.

› Stadtbahn: 5 bis Zoopark

› Am Zoopark 1, www.zoopark-erfurt.de, Tel. 751880, geöffnet: März–Okt. tgl. 9–18, Nov.–Feb. tgl. 9–16 Uhr, Eintritt: 15 €, erm. 10 €, Kinder 7,50 €, Familie max 40 €, Bollerwagenverleih (März–Okt.) 4 €

Blumenpracht auf dem Gelände des egaparks 49

031ew Abb.: ms

Praktische Reisetipps Erfurt

An- und Weiterreise

Mit Bus und Bahn

Der **Hauptbahnhof** liegt zentrumsnah, nur fünf Gehminuten vom Anger **1**. Direkt neben dem Bahnhof befindet sich der **Busbahnhof.**

- •**1** [I H5] **Hauptbahnhof Erfurt,** Willy-Brandt-Platz 12, Stadtbahn 1, 3, 4, 5, 6 bis Hbf., Tel. 3001055

Mit dem Flugzeug

Der **Flughafen Erfurt-Weimar** liegt nur 5 km vom Zentrum entfernt. Mit der **Stadtbahnlinie 4** gelangt man in rund 20 Min. ins Erfurter Stadtzentrum (Richtung Wiesenhügel), z. B. zum Hauptbahnhof (siehe oben), Domplatz **37** und Anger **1**. Ebenso bequem geht es auch wieder zurück zum Flughafen (Richtung Bindersleben). Die Tram verkehrt im 10-Min.-Takt; die letzte fährt um kurz nach Mitternacht. Ein Einzelfahrschein kostet 2,10 €.

- •**2 Flughafen Erfurt-Weimar,** Bindersleben Landstr. 100, www.flughafen-erfurt-weimar.de, Tel. 6562200

Von Erfurt nach Weimar

Regionalbahnen verkehren je nach Tageszeit zwei- bis viermal pro Stunde bis kurz nach Mitternacht zwischen Hauptbahnhof Erfurt und Bahnhof Weimar (s. S. 120). Die Fahrzeit beträgt rund 15 Min.

Autofahren

Das **Zentrum Erfurts** ist **Umweltzone** und weitestgehend für den Autoverkehr gesperrt. Um das Zentrum herum führt der **Juri-Gagarin-Ring;** entlang des Rings gibt es diverse **Parkplätze:**

- P3 [I G5] **Parkhaus Forum,** Hirschlachufer 7/8
- P4 [I H3] **Parkhaus Kaufhaus Anger 1**
- P5 [I G4] **Parkhaus Reglermauer**
- P6 [I G5] **Parkplatz Hirschlachufer**
- P7 [I D4] **Tiefgarage Petersberg**

An Samstagen sind die oben genannten Parkplätze häufig belegt; dann empfiehlt es sich, auf diese **Park-and-ride-Parkplätze** auszuweichen:

- P8 **Park and ride Hauptfriedhof,** Binderslebener Landstr., Stadtbahn 4, 10 Min. ins Zentrum
- P9 **Park and ride Thüringenhalle,** Werner-Seelenbinder-Str. 2, Stadtbahn 1, 10 Min. ins Zentrum

Barrierefreies Reisen

In der Stadt verkehren **Niederflurbahnen.** Die **Erfurt Tourist Information** (s. S. 66) bietet **barrierefreie Stadtführungen** an (u. a. einen Videoguide für gehörlose Gäste) und beantwortet Fragen zu behindertengerechten Unterkünften. Die innerstädtischen Ampeln sind für Sehbehinderte optimiert.

› **Weitere Infos:** www.erfurt-tourismus.de, Infos zu Stadtführungen unter Tel. 0361 6640-120, Zimmervermittlung Tel. -110

Einkaufen

Erfurt besitzt ein breites Angebot an Geschäften aller Art und eignet sich bestens für einen **ausgiebigen Einkaufsbummel.** Alle **gängigen Handelsketten** finden sich am Anger **1** und in der Schlösserstraße **4**.

Kleine Boutiquen und **originelle Läden** sind vor allem auf der Krämerbrücke **11**, dem Fischmarkt **6**, in der Kettenstraße [I E4], der Paulstraße [I E4] und auf der Langen Brücke **43**

Shoppingareale

Die wichtigsten Shoppingbereiche der Stadt sind im Kartenmaterial mit einer rötlichen Fläche markiert.

zu finden. Ein internationales Warenspektrum bieten die Meienbergstraße [I F/G3] und die Trommsdorffstraße [I G4].

Auf dem **Domplatz** 37 findet Mo–Sa zwischen 7 und 14 Uhr ein **Wochenmarkt** statt, Sa auch mit vielen regionalen Bioprodukten.

Einkaufszentrum

10 [I G4] **Anger 1,** Anger 1, www.anger1erfurt.de, Tel. 601320, geöffnet: Mo–Sa 10–20 Uhr, Gastronomie ab 8 Uhr. Das größte Kaufhaus der Innenstadt mit Supermarkt, Drogerie, Modegeschäften, Elektrofachmarkt, Schreibwarenladen, Sportgeschäft, Eiscafé und Konfiserie.

Bücher

11 [I F5] **Buchhandlung Peterknecht,** Anger 28, www.peterknecht.de, Tel. 244060, geöffnet: Mo–Fr 9–19, Sa 9–18.30 Uhr. Zweifellos eine der besten Buchhandlungen Erfurts. Überzeugende Buchauswahl und eigene Zweitausendeins-Abteilung.

12 [I E4] **Kirchenladen,** Domplatz 25, www.kirchenladen-erfurt.de, Tel. 2119119, geöffnet: Mo–Fr 10–18, Sa 10–16 Uhr. Ökumenischer Kirchenladen mit Büchern, Postern, Kalendern und Kerzen.

13 [I F3] **Tintenherz,** Krämerbrücke 29, www.buchhandlungtintenherz.de, Tel. 3467753, Mo–Fr 10–18, Sa 10–16 Uhr. Die vor wenigen Jahren mit dem Deutschen Buchhandlungspreis ausgezeichnete Kinderbuchhandlung bietet eine hervorragende Auswahl an Literatur, Sachbüchern und Spielen für kleine Leser.

032ew Abb.: ms

Kunsthandwerk, Design und Souvenirs

14 [I F3] **Apis Colori,** Krämerbrücke 2, www.apiscolori.com, Tel. 24039129, geöffnet: Mo–Fr 11–18, Sa 11–15 Uhr. In der kleinen Manufaktur werden Produkte aus Waid-Blau gefertigt.

15 [I E4] **Das bunte Glück,** Marktstr. 19, www.facebook.com/dasbunteglueck.de, Tel. 43025945, geöffnet: Mo–Fr 10–18, Sa 10–18 Uhr. Buntes Sortiment an Geschenkartikeln, Spielzeug und Wohnaccessoires.

16 [I F4] **Dürerhaus,** Schlösserstr. 38, Tel. 6421393, geöffnet: Mo–Fr 10–19, Sa 10–18 Uhr. Schmuck und Kunsthandwerk aus Thüringen, u. a. Keramik aus dem Töpferort Bürgel.

17 [I F3] **Linkshänder-Laden Erfurt,** Krämerbrücke 24, www.linkshaenderladen-erfurt.de, Tel. 55048440, geöffnet: Mo–Fr 11–18, Sa 11–16 Uhr. Die ganze Produktpalette für Menschen, die alles mit links machen.

18 [I E4] **Moquadrat,** Paulstr. 29/30, www.moquadrat.de, Tel. 4303994, geöffnet: Mo–Fr 10–18, Sa 10–14 Uhr. Viele kleine Dinge, die den Alltag verschönern, und Biomode.

19 [I F4] **Salvado,** Schlösserstr. 20, www.salvado.de, Tel. 7645487, geöffnet: Mo–Sa 10–18 Uhr. Praktisches und Verspieltes zum Wohnen, Beleuchten und Spielen.

20 [I F3] **Stilleben,** Krämerbrücke 33, www.stilleben-online.de, Tel. 5612926, geöffnet: Mo–Mi 10–18, Do–Sa 10–19 Uhr. Design, Wohnideen, Andenken und Accessoires für alle Lebenslagen, auf drei Etagen.

21 [I F3] **Wilhelmine,** Kürschnergasse 5, Tel. 5621225, geöffnet: Mo–Fr 10–18, Sa 10–14 Uhr. Vielfältiges Sortiment an schönem und verspieltem Design. Geschenkartikel.

Mode und Schuhe

22 [I E4] **mbaetz.com,** Marktstr. 27, www.mbaetz.com, Tel. 6547520, Mo–Fr 10–18, Sa 10–16 Uhr. Einer der besten Schuhläden Erfurts. Geschmackvolles Schuhwerk handverlesener Produzenten. Qualität statt „von der Stange".

23 [I F5] **Oxfam**, Anger 42, www.oxfam.de, geöffnet: Mo–Fr 10–18.30, Sa 10–16 Uhr. Im Second-Hand-Shop der Hilfsorganisation verkaufen Ehrenamtliche neben gespendeter Kleidung auch Accessoires und Bücher. Der Erlös fließt in Nothilfe- und Entwicklungsprojekte.

24 [I E4] **Quo Vadis Naturmode,** Fischmarkt 6, www.quovadis-naturmode.de, Tel. 5613222, geöffnet: Mo–Sa 10–18 Uhr. Individuelle, hochwertige, ökologisch produzierte und sozial gehandelte Naturmode für Frauen jeden Alters.

Kindermode und Spielwaren

25 [I F3] **Martin Gobsch,** Krämerbrücke 2, www.martin-gobsch.de, geöffnet: Mo–Sa 10–18 Uhr. Puppenschnitzer-Schauwerkstatt mit einigen kunstvollen, sehr originellen Produkten.

26 [I E3] **Nordgesichter/Finkid Concept Store,** Allerheiligenstr. 2, www.nordgesichter.com, Tel. 64412464, geöffnet: Mo–Fr 10–18, Sa 10–16 Uhr. Hier gibt es diverse skandinavische Kindermodemarken. Tolle, individuelle Kleidung für den Nachwuchs.

Regionale Spezialitäten

27 [I F3] **Born-Senf-Laden,** Wenigemarkt 11, www.born-feinkost.de, Tel. 740340, geöffnet: Jan.–März Mo–Fr 10–18, Sa 10–16 Uhr. Das Erfurter Traditionsunternehmen wurde 1820 gegründet. Der Laden bietet neben den üblichen auch exotische Senfvarianten feil, ferner Ketchup, Soßen und sogar Senfpralinen. Angegliedert ist ein kleines Senf-Museum. Es dokumentiert die Geschichte des Unternehmens und des Senfes allgemein.

28 [I F3] **Eberts Genusshandlung,** Michaelisstr. 44, www.genusshandlung.de, Tel. 64439944, geöffnet: Mo, Mi, Sa 11–20, Do/Fr 11–21 Uhr. Hier gibt es mediterrane Spezialitäten und Slow-Food-Produkte sowie leckere Snacks und Kuchen.

29 [I F3] **Goldhelm Schokoladen Manufaktur Laden,** Krämerbrücke 12–14, www.goldhelm-schokolade.de, Tel. 6609851, geöffnet: Mo–Sa 10–19, So 11–18 Uhr. Geschmackserlebnisse für den Gaumen mit exklusiven Schokoladen-, Pralinen- und Trüffelkreationen (Café in der Kreuzgasse, s. S. 65).

30 [I F3] **Thüringer Spezialitätenmarkt Erfurt,** Krämerbrücke 19, www.thueringer-spezialitaeten.de, Tel. 3463495, geöffnet: Mo–Sa 10–18, ab Mitte März auch So 11–17 Uhr. Thüringer Spezialitäten wie Wurst, Käse, Bier und Süßwaren.

31 [I E4] **Tischlein deck Dich,** Kettenstr. 11, Tel. 60277250, geöffnet: Mo–Fr 10–18, Sa 10–16 Uhr. Kleiner Laden, der leckere, wie auch außergewöhnliche Genusswaren aus Thüringen und aller Welt offeriert, darunter Honig,

Thüringer Andenken zum Liebhaben: der Kuschelkloß

Käse, Senf, Liköre und Tees. Außerdem Dekoartikel, Tassen, Küchengeräte.

32 [I F4] **Viba Confiserie-Café Erfurt,** Predigerstraße 1, Tel. 26267930, geöffnet: tgl. 9–18 Uhr. Wer Nugat mag, wird die süßen Kreationen der Thüringer Firma Viba lieben. Inkl. Café-Lounge und Eisspezialitäten.

Lebensmittel und Backwaren

33 [I F3] **Backstube,** Kreuzgasse 2, nahe Krämerbrücke 11, geöffnet: Di–Sa 9–18 Uhr. Biobäckerei im Mittelalterstil mit kleinem Café. Ideal für eine kleine Pause beim Besuch der Krämerbrücke.

34 [I F5] **Café Bauer Am Hirschgarten,** Regierungsstr. 4, unterer Anger, Tel. 6430362, geöffnet: 8–18 Uhr. Konditorei und Bäckerei mit Tradition. Hier gibt es besonders leckere Torten.

35 [I F3] **Caféhaus Spiegler,** Wenigemarkt 20, www.cafehaus-spiegler.de, Tel. 2620664, geöffnet: 8–18 Uhr. Erstklassige Bio-Vollkornbäckerei. Angeschlossen ist ein Café/Bistro.

36 [I D3] **organics – Naturkost am Dom,** Andreasstr. 35, Tel. 66349210, geöffnet: Mo–Fr 7–20, Sa 7–18 Uhr. Gute Bioauswahl und viele regionale Produkte.

Hervorhebenswerte Lokale

Die Auswahl an Lokalen im Zentrum ist beeindruckend. Allerdings kann die Qualität der Restaurants entlang der touristischen Hauptziele recht unterschiedlich ausfallen. Es lohnt sich daher, das ein oder andere **Lokal abseits des Weges** anzusteuern. Eine Auswahl hierfür findet sich in unserer Liste. Für den Hunger zwischendurch ist allemal eine leckere Thüringer Rostbratwurst gut. **Bratwurststände** gibt es z. B. am Anger 1 neben dem Kaufhaus Anger 1 (s. S. 60), in der Schlösserstraße 4 (an der Gera neben C&A) und am Domplatz 37.

Thüringer Küche

37 [I F3] **Gasthaus Feuerkugel** €-€€, Michaelisstr. 3/4, www.feuerkugel-erfurt.de, Tel. 7891254, geöffnet: tgl. 11–24 Uhr. Uriges Erfurter Traditionsrestaurant mit vielen Thüringer Spezialitäten. Vor allem der Kloß steht im Mittelpunkt.

38 [I E4] **Kromer's** €€, Kleine Arche 4, www.kromers-restaurant.de, Tel. 64477211, geöffnet: Di–Fr ab 17, Sa/So 11.30–14.30 und ab 17 Uhr. Hier labt man sich an klassischer Thüringer Küche mit dem gewissen Extra. Leckere Salate, Slow Food und gute Kinderkarte. Man sitzt im Gewölbekeller, Saal oder Biergarten.

39 [I F3] **Zum Wenigemarkt 13** €, Wenigemarkt 13, www.wenigemarkt-13.de, Tel. 6422379, geöffnet: 11.30–23 Uhr. Traditionelle Thüringer Küche in familiärem Ambiente.

Kulinarisches aus aller Welt

40 [I E4] **Castillo Catalana** €€, Marktstr. 34 b, im Markthof, www.catalana.de, Tel. 5506335, geöffnet: Di–Sa 17–23.30 Uhr. Spanisches Restaurant mit leckeren Tapas. Frische Gerichte zu etwas gehobenen Preisen.

41 [I F5] **Charleston** €-€€, Anger 41, www.charlestonerfurt.de, Tel. 6637838, geöffnet: tgl. 11–23 Uhr. Italienisches Restaurant im Stil der 1920er-Jahre. Selbstgemachte Pasta, leckere Pizzen und Spezialitäten vom Lavastein-Grill.

Restaurantkategorien

€	unter 10 €
€€	10–15 €
€€€	über 15 €

Die Preise gelten für ein Hauptgericht ohne Getränke.

KURZ & KNAPP

Thüringer Spezialitäten

Die Klassiker überhaupt sind die köstliche, mit ausgewählten Kräutern verfeinerte **Thüringer Rostbratwurst** und das **Thüringer Rostbrätel** (gegrillter Schweinenacken), welche sich an diversen Grillständen der Stadt probieren lassen. Eine beliebte Beilage Thüringer Hausmannskost ist der **Thüringer Kloß**, der gern zusammen mit Sauerkraut und Sauerbraten auf den Tisch kommt. Typisch für **Erfurt** ist zudem die **Brunnenkresse**, die im Südwesten der Stadt angebaut und in Form einer Suppe serviert wird, Senf der Firma Born (Born-Senf-Laden, s. S. 61) und das **Erfurter Schittchen**, einer der ältesten Christstollen Deutschlands. Früher stand auch die **Puffbohne** hoch im Kurs, eine Ackerfrucht, die auf den Feldern der Umgebung gedieh. Sie war so beliebt, dass die Erfurter später selbst „Puffbohnen" genannt wurden.

In **Weimar** hingegen dreht sich vieles um die Zwiebel: **Zwiebelkuchen** und **Zwiebelsuppe** gehören zu den kulinarischen Klassikern der Klassikerstadt.

033ew Abb.: ms

› **Clara** €€€, im Kaisersaal 16, www.restaurant-clara.de, Tel. 5688207, geöffnet: Di–Sa ab 18.30 Uhr. Erstklassiges Restaurant mit exquisiten Gaumenfreuden. Mit einem Michelin-Stern ausgezeichnet.

42 [I C4] **Glashütte Petersberg** €-€€, Petersberg 11, www.glashuette-restaurant.de, Tel. 6015094, geöffnet: tgl. 10–24 Uhr, Sa/So schon ab 9 Uhr. Das Restaurant mit Panoramablick über die Stadt. Leider gibt es nur wenige Terrassenplätze (Reservierung empfohlen). Es gibt Steaks, Fisch, vegetarische Gerichte und gutes Frühstück. Mit Café und Bar.

43 [I F2] **Il Cortile** €-€€, Johannesstr. 150, https://ilcortile.de, Tel. 5664411, geöffnet: Di–Sa 12–14 und 18–23 Uhr. Sehr empfehlenswertes italienisches Restaurant mit kleiner, aber erlesener Karte.

44 [I E4] **Koko Sushi** €-€€, Meister-Eckehart-Straße 8, www.koko-sushi.de, Tel. 6013049, geöffnet: Di–Sa 12–15 und

Gastro- und Nightlife-Areale

Bläulich hervorgehobene Bereiche in den Karten kennzeichnen Gebiete mit einem dichten Angebot an Restaurants, Bars, Klubs, Discos etc.

17.30–22, So 16–23 Uhr. Kreative und traditionelle Sushi-Spezialitäten vom Band. Sehr gute Qualität.

45 [I F3] **La Piazzetta** €-€€, Wenigemarkt 12, www.la-piazzetta-erfurt.de, Tel. 2622739, geöffnet: tgl. 11–24 Uhr. Zentral gelegenen Italiener, bei dem Qualität groß geschrieben wird. Wechselnde Pastagerichte und Holzofenpizza. Gediegene Atmosphäre, toller Biergarten.

46 [I F4] **Mathilda** €€, Barfüßerstr. 1/2, Tel. 2169096, geöffnet: Mo–Do 17–22, Fr–Sa 11–22 Uhr. Kleines Lokal in stilvollem Ambiente mit hervorragender, vor allem mediterraner Küche. Man merkt, dass hier mit Liebe gekocht wird. Erlesene Weine. Tischreservierung ratsam.

47 [I H3] **Russischer Hof** €€, Krämpferstr. 11–15, www.russischer-hof-erfurt.de, Tel. 6546814, geöffnet: Di–Sa 17–24, So 12–24 Uhr. Authentische russische Spezialitäten. Jeden Sonntag gibt es Brunch.

48 [I C5] **StefaDo's** €-€€, Mainzerhofstr. 8, www.stefados-erfurt.de, Tel. 54154453, geöffnet: Di–Fr 11–14.30 und 17.30–22, Sa 17.30–22 Uhr. Vorzügliche sardische Küche, mit viel Hingabe zubereitet. Preiswertes Mittagsmenü.

EXTRATIPPS

Lecker vegetarisch

- **Cognito** (s. S. 66). Viele vegetarische Gerichte, auch vegane Speisen.
- **Ibras** (s. S. 66). Arabisch-sudanesische Küche: Fladen, Falafel und mehr.
- **Numa – Die Nudelmacher** (s. S. 66). Nudeln aller Art in diversen Geschmacksrichtungen, auch vegan.
- **Restlos Bistro** (s. S. 66). Hausgemachte vegane Kost.

Dinner for one

Hier speist man auch allein ganz nett:

- **Café Füchsen** (s. rechts)
- **Double B** (s. S. 70)
- **Faustfood** (s. S. 66)

Lokale mit guter Aussicht

- **Glashütte Petersberg** (s. S. 63). Einmaliger Blick über die Stadt.
- **Übersee** (s. S. 71). Terrasse über der Gera mit Sicht auf das Wasser und die Krämerbrücke 11.
- **Waldhaus Erfurt** (s. S. 71). Lokal mit Aussicht über Wald und Wiesen.

Raucher willkommen

In Thüringer Restaurants und Kneipen ist das **Rauchen nicht gestattet.** Nur wenige Gasthäuser besitzen Raucherecken.

- **Hemingway** (s. S. 70). Bar mit eigenem Zigarrensortiment.
- **Speicher Erfurt** (s. S. 71)
- **Zumnorde Restaurant** im **Hotel Zumnorde** (s. S. 73). Raucherseparee.

Cafés und Eiscafés

49 [I F3] **Ballenberger,** Gotthardtstr. 26, www.das-ballenberger.de, Tel. 64456088, geöffnet: Mo–Sa 9–22 Uhr. Erklärtes Motto des Brasserie-Cafés und Feinkostladens: Das Auge isst mit. Es gibt schmackhafte Mittagsgerichte und selbst gebackenen Kuchen, dazu Kaffees und Tees.

50 [I E4] **Café Flo,** Gr. Arche 2, Tel. 6442362, geöffnet: Mo 12–19, Di–Sa 11–19, So 14–19 Uhr. Gemütliches, kleines Café mit Fachwerkbalken. Köstliche Waffeln und Crêpes in verschiedenen Variationen, zudem feiner Kaffee.

51 [I F3] **Café Füchsen,** Hütergasse 13, nahe Krämerbrücke 11, Tel. 6441448, geöffnet: tgl. 9–22 Uhr. Wunderbares Café mit familiärer, studentischer Atmosphäre, Kaffee und Kuchen. Leichte, schmackhafte Gerichte, auch vegetarisch. Leckeres Frühstück. Mit Biergarten.

52 [I E3] **Café Hilgenfeld,** Domplatz 4, www.cafe-hilgenfeld.de, Tel. 26569846,

034ew Abb.: ms

Das Bistro Mundlandung auf der Krämerbrücke 11

geöffnet: Mo–Fr 8–22, Sa 9–22, So 10–22 Uhr. Legeres, auch bei Studenten bcliebtes Café. Es gibt ausgezeichneten Kaffee; Kuchen darf man vom Bäcker nebenan mitbringen.

53 [I E4] **Eiscafé San Remo,** Marktstr. 21, www.san-remo.de, Tel. 6430449, geöffnet: Mo–Sa 10–21, So 11–21 Uhr. Die Gelateria bietet leckeres Eis – sowohl auf die Hand als auch in stattlichen Bechern, mit Bergen von Früchten garniert.

54 [I F3] **Goldhelm Schokoladen Manufaktur,** Kreuzgasse 5, nahe Krämerbrücke 11, www.goldhelm-schokolade.de, Tel. 6609851, geöffnet: tgl. 12–18 Uhr (Sa bis 17). Goldhelm ist eine Erfurter Institution. Die Chocolaterie mit Werkstattcafé bietet feinste Schokodrinks, Pralinen und Schokoladenkreationen. Im Sommer auch Eisverkauf (Ladenlokal auf der Krämerbrücke, s. S. 61).

55 [I E4] **Klara Grün,** Predigerstr. 12, www.klaragruen.de, geöffnet: Mo–Sa 12.06–19.02 Uhr. Kleines Café mit lockerer Atmosphäre. Sehr guter Fair-Trade-Kaffee und köstlicher Kuchen. Bioqualität.

56 [I F3] **Kurhaus Simone,** Wenigemarkt 21, Tel. 55066833, geöffnet: 8–23, Sa/So ab 9 Uhr. Stylishes Café mit Wohlfühlambiente. Heilung vom Alltag garantiert.

57 [I F3] **Nüsslein Café & Restaurant,** Krämerbrücke 17, cafe-nuesslein.de, Tel. 21698281, geöffnet: täglich 9–23 Uhr. Café mit über 100-jähriger Tradition, im Durchgang an der Ägidienkirche 13. Moderne, aber gemütliche Einrichtung in einer historischen Bohlenstube. Leckerer, hausgemachter Kuchen, delikate Gerichte und Frühstücksangebote.

58 [I C6] **Oma Lilo,** Gorkistraße 16, Tel. 43024911, geöffnet: Di–Fr 10–22, Sa 9–20, So 9–17 Uhr. Wundervolles Café am Rande der Innenstadt. Leger und herzlich mit leckerem Kaffee und Kuchen.

59 [I E3] **Peckham's Coffee House,** Pergamentergasse 11, www.peckhams.de, Tel. 24022292, geöffnet: im Sommer Mo–Fr 11–15, im Winter bis 18 Uhr. Café mit Wohlfühlatmosphäre, in dem Suppen, Salate und Muffins kredenzt werden. Mit kleiner Bibliothek und Plattenladen. Über dem Café kann man zwei Gästezimmer mieten (s. S. 73).

60 [I E3] **Zucker & Zimt,** Marktstr. 5, Tel. 60275736, www.zucker-zimt-erfurt.de, geöffnet: tgl. 11–19, So ab 12 Uhr, Softeis und Pralinenmanufaktur. Köstliche Cupcakes.

Bistros und Imbisse

61 [I F3] **Cognito,** Hefengasse 1, vor der Krämerbrücke 11, www.cognito-erfurt.de, Tel. 6604666, geöffnet: tgl. 7.30–21.30 Uhr. Stylishes Bistro. Viele Bio- und vegetarische Gerichte, Suppen und Salate. Glutenfreier Kuchen, Tees und Smoothies.

62 [I F3] **Drogerie Bistro,** Wenigemarkt 8, Tel. 6422850, geöffnet: Di–Sa 12–23 Uhr, So 13–18 Uhr. Bistro in einer alten Drogerie. Hausgemachte Speisen wie Suppen, Penne oder Quiche, außerdem selbst gebackener Kuchen.

63 [I F4] **EAT,** Pilse 6, Tel. 51876679, geöffnet: Di–Sa 11–21 Uhr. „Schnelle Köstlichkeiten" verspricht das Bistro. Das Versprechen wird rundum eingelöst. Herzhafte und leichte Gerichte.

64 [I E3] **Faustfood,** Waagegasse 1, www.faustfood.de, Tel. 64436300, geöffnet: Di–Sa 11–23, So 11–18.30 Uhr. Frisch vom Grill: deftiger Imbiss für Fleischfans mit Thüringer Snacks à la Rostbratwurst.

65 [I F4] **Henner Sandwiches,** Weitergasse 8, www.henner-sandwiches.de, Tel. 6546691, geöffnet: Mo–Fr 9–15.30 Uhr. Sehr leckere Sandwiches und Suppen, auch vegan.

66 [I G3] **Ibras,** Meienberstr. 7, Tel. 60239795, www.ibras-bistro.de, geöffnet: Mo–Sa 12–22, So 12–20 Uhr. Modernes Bistro mit sudanesischen Spezialitäten. Viele vegetarische Speisen im Angebot.

67 [I F3] **Mundlandung,** Krämerbrücke 28, www.mundlandung.de, Tel. 6443844, geöffnet: Mo–Fr 9–22, Sa 9–23, So 10–18 Uhr. Dieses Bistro bietet exzellente mediterrane Gerichte und Thüringer Küche, außerdem schmackhaften Kuchen und Kaffee. Vieles auch zum Mitnehmen. Ein kulinarisches Kleinod.

68 [I F4] **Numa – Die Nudelmacher,** Pilse 8, www.numa-erfurt.de, Tel. 26596614, geöffnet: Mo–Sa 11–21 Uhr. Hier dreht sich alles um die Nudel. Durchweg hochwertige, frische Zutaten. Es gibt eine weitere Filiale am Domplatz 37.

69 [I E3] **Restlos Bistro,** Marktstraße 38b, www.restlos-bistro.de, Tel. 0176 89222069, geöffnet: Mo–Sa 11–19 Uhr. Veganes Bio-Restaurant mit köstlicher, hausgemachter Küche. Zero Waste!

Informationsquellen

Infostellen in der Stadt

70 [I F3] **Erfurt Tourist Information,** Benediktspl. 1, www.erfurt-tourismus.de, Tel. 0361 66400, geöffnet: Mo–Sa 10–18, Sonn- und feiertags 10–15 Uhr. Die Touristinformation liegt zwischen Rathaus 9 und Krämerbrücke 11. Sie bietet ein großes Angebot an Infos und Broschüren. Zimmervermittlung, Ticketservice und Stadtführungen (s. S. 70).

71 [I H5] **360Grad Thüringen Digital Entdecken,** Willy-Brandt-Pl. 1, www.thueringen-entdecken.de, Tel. 0361 37420, geöffnet: Mo–Fr 9–1, Sa/So 10–16 Uhr. Informationen zu Erfurt und ganz Thüringen, Buchungen und Fahrkarten. Hier gibt es auch die **Erfurt-Card** (13,90 €) und die ErfurtTravel-

Card (19,90 €, inkl. Nahverkehr). Sie bietet kostenlosen Eintritt in Museen und Rabatte (48 Std. gültig, www.erfurt-tourismus.de/erfurtcard).

Erfurt im Internet

- **www.erfurt-tourismus.de** – offizielle Homepage des Tourismusverbandes mit umfangreichen Infos und Hotelbuchungsservice
- **www.erfurt-touristinformation.de** – privater Dienstleister mit zahlreichen touristischen Informationen zur Landeshauptstadt
- **www.erfurt.de** – offizielle Homepage der Stadt mit vielen Hinweisen zu Kultur, Sehenswürdigkeiten und Stadtleben
- **www.thueringen-entdecken.de** – Informationsportal zur Region Thüringen mit Buchungsservice, Veranstaltungskalender und vielen nützlichen Tipps
- **www.puffbohne.de** – Informatives zur Stadt und ihren Bewohnern, den sogenannten „Puffbohnen"

Erfurt-Apps

- **Kulturcarré:** ausgewählte Kulturveranstaltungen in Erfurt (kostenlos für Android und iOS)
- **Erfurt mobil:** offizielle App der Verkehrsbetriebe mit Abfahrtsmonitor und Fahrplanänderungen (kostenlos für Android und iOS)

Internet

- **WLAN-Hotspots** bieten u. a. das **Café Füchsen** (s. S. 64), **Peckham's Coffee House** (s. S. 66), **EAT** (s. S. 66) und das **Cognito** (s. S. 66). Auf dem Anger und dem Domplatz befinden sich öffentliche Hotspots, kostenloses WLAN auch in Straßenbahnen und Bussen.

⊡ Blick auf das sehenswerte Gartenbaumuseum (s. S. 68)

Meine Literaturtipps

- *Baum, Beate.* ***Auf Sendung. Ein Erfurt-Krimi,*** *Sutton Verlag, 2013. Ein Krimi, der das Leben und die Medienlandschaft kurz nach der Wende thematisiert.*
- *Netzwerk Jüdisches Leben Erfurt.* ***Jüdisches Leben in Erfurt. Kulturhistorischer Stadtführer,*** *Edition Leipzig, 2012. Ein Reiseführer über die jüdischen Stätten Erfurts. Das jüdische Leben wird ebenso dargestellt wie die Bedeutung des Erfurter Schatzes und der Erfurter Synagogen.*

Kunst und Museen

Museen

32 [I F3] **Alte Synagoge.** Die älteste Synagoge Europas. Zu sehen ist auch der berühmte Erfurter Schatz (s. S. 45).

3 [I G4] **Angermuseum.** Das Kunstmuseum der Stadt mit dem bekannten Heckel-Raum und einer Sammlung wertvoller mittelalterlicher Kunst (s. S. 23).

M72 **Erinnerungsort Topf & Söhne,** Sorbenweg 7, Stadtbahn: 9 bis Spiel-

035ew Abb.: ms

bergtor, www.topfundsoehne.de, Tel. 6551681, geöffnet: Di–So 10–18 Uhr, Eintritt: frei. Die Erfurter Firma Topf & Söhne produzierte bis 1945 die Verbrennungsöfen für das KZ Auschwitz. Dokumente, Bilder und Akten zeigen die Geschichte einer Firma, die sich im Zeichen des Kriegs von allem Menschlichen abkehrte und zum Partner der SS wurde. Entstanden ist ein bewegender Ort des Gedenkens und Erinnerns.

M73 [I A7] **Gartenbaumuseum,** im egapark 49, www.gartenbaumuseum.de, Tel. 223990, geöffnet: März–Okt. Di–So 10–18 Uhr. Auf anschauliche Weise wird hier die Geschichte des Erfurter Gartenbaus dokumentiert.

24 [I D3] **Gedenk- und Bildungsstätte Andreasstraße.** Die einstige Stasi-U-Haft erzählt ein dunkles Kapitel DDR-Historie (s. S. 40).

M74 [I F3] **Haus der Stiftungen,** Krämerbrücke 31, www.kraemerbruecke.erfurt.de (Menü rechts), geöffnet: März–Okt. tgl. 10–18 Uhr, Frühling/Herbst Mo geschl. Eine Dauerausstellung behandelt die Geschichte der Krämerbrücke 11. Zu sehen ist u. a. ein Modell der bewohnten Brücke.

7 [I E4] **Haus zum Roten Ochsen mit Kunsthalle Erfurt.** Temporäre Kunstausstellungen der Moderne und Gegenwart (s. S. 27).

M75 [I F3] **Kleine Synagoge,** An der Stadtmünze 4/5, Tel. 6551661, geöffnet: Di–So 11–18 Uhr, Eintritt: frei. Die kleine Ausstellung im Keller widmet sich der Geschichte der Erfurter Juden während des 19. und 20. Jh.

30 [I F3] **Mittelalterliche Mikwe.** Dieses mittelalterliche Tauchbad wurde erst 2007 entdeckt. Das Denkmal des Judentums lässt sich im Rahmen von Führungen besichtigen (s. S. 43).

› **Museum der Kunst des Mittelalters in der Barfüßerkirche** 45. Kleine, aber bedeutende Ausstellung im Hohen Chor der Kirche.

19 [I G2] **Museum für Thüringer Volkskunde.** Aufschlussreiche Ausstellung zur Thüringer Kultur und Kulturgeschichte (s. S. 36).

5 [I F4] **Museum Neue Mühle.** Hier lässt sich eine voll funktionstüchtige Getreidemühle besichtigen (s. S. 25).

M76 [I E4] **Naturkundemuseum Erfurt,** Gr. Arche 14, www.naturkundemuseum-erfurt.de, Tel. 6555680, geöffnet: Di–So 10–18 Uhr, Eintritt: 6 €. Lehrreiches und spannend gestaltetes Museum für Jung und Alt. Infos zur Natur, Geologie und Geografie sowie zu den Lebensräumen Wald, Feld und Stadt. In der Mitte des Hauses gibt es eine riesige Eiche. Kinder dürfte ein Besuch der Arche Noah freuen.

18 [I G3] **Stadtmuseum im Haus zum Stockfisch.** Museum zur Stadtgeschichte in einem geschichtsträchtigen Haus (s. S. 35).

Erfurt preiswert

› *Die **Erfurter Museen** (s. S. 67) lassen sich **jeden ersten Dienstag im Monat gratis** besichtigen. Kinder unter sechs Jahren haben stets kostenfreien Zutritt.*

› *In den Wintermonaten ist das **Freigelände im egapark** 49 gratis zu besichtigen.*

Kunstgalerie

G77 [I E3] **Kulturhof Krönbacken,** Michaelisstr. 10, www.kroenbacken.de, Tel. 6551960, geöffnet: Di–So 11–18 Uhr. Hochwertige Ausstellungen im alten Fachwerkhaus.

Das bekannte Sandmännchen lädt zu einer Verschnaufpause ein

036ew Abb.: ms

Mit Kindern unterwegs

Erfurts teils **kuriose Straßen- und Häusernamen** (s. S. 25 / S. 30) laden zum Mitraten und Geschichtenerzählen ein. Am Anger 1, auf dem Fischmarkt 6 und auf der Rathausbrücke [I F3] stehen Figuren der Helden des in Erfurt ansässigen **Kinderkanals (KiKA)**. **Spielplätze** gibt es hinter der Krämerbrücke 11, in der Gotthardtstraße [I F2–3], auf dem hinteren Teil der Zitadelle Petersberg 41 und am Hirschgarten 46. In der Marktstraße [I E3–4] und auf der Krämerbrücke 11 kann ein mechanisches Theater aktiviert werden.

Neben dem Thüringer Zoopark 50 ist der egapark 49 ein Paradies für Kinder. Bei **schönem Wetter** kann man im Wasser des Neuen Angerbrunnens planschen oder direkt in der Gera – am besten hinter der Krämerbrücke. Der Petersberg lädt zum **Rumtoben** ein. Die Kleinen kommen auch bei **Kinderstadtführungen** auf ihre Kosten, z. B.:

› **Erfurter Kinderstadtführungen,** www.kinderstadtfuehrung.de, Tel. 7648589, Preise: ab 6 €, erm. 4 €. Spezialführungen für den Nachwuchs, unter anderem einen „Energie-Rundgang für Kinder" oder „Friedrichs Zeitreisen" im Angermuseum 3. Treffpunkte siehe Website.

Bei **schlechtem Wetter** lohnt ein Rundgang durch die Gänge der Zitadelle Petersberg, das Naturkundemuseum (s. S. 68), das Museum für Thüringer Volkskunde 19 oder das Gartenbaumuseum (s. S. 68). **Kindgerechte Unterhaltung** bieten auch das Puppentheater (s. Theater Waidspeicher S. 72) und das Theater im Palais (s. S. 72). Im **Winter** kann man an den Hängen des Petersbergs wunderbar **rodeln.**

Notfälle

- **Polizei:** 110
- **Kassenärztlicher Notfalldienst:** Tel. 0361 7814833
- **Apothekennotdienst:** Tel. 0800 2282280. Ein **Notdienstplan der Apotheken** hängt an allen Apotheken aus, z. B. an der Anger-Vital-Apotheke, Anger 58, Ecke Borngasse [I G4].
- **Deutsche Kartensperrnummer** bei Verlust der Debit-(Giro-), Kredit- oder SIM-Karte: Tel. 116116

Radfahren

Da das Zentrum der Stadt verkehrsberuhigt ist, lässt es sich auch wunderbar mit dem Fahrrad erkunden. Allein Anger 1 und Fischmarkt 6 müssen umfahren werden, da das Radfahren dort am Tage verboten ist. Als **Fahrradverleih** empfiehlt sich die folgende Adresse:

•78 [I G5] **Radscheune,** im Radhaus am Hbf., Bahnhofstr. 22, www.fahrradstation-erfurt.de, Tel. 6441506. Das Radhaus bietet außerdem eine Werkstatt (Mo–Fr 9–18 Uhr) sowie eine 24 Std. geöffnete, kostenlose und wetterfeste Abstellstation für Fahrräder. Abstellboxen können gemietet werden (Tel. 0176 81655811).

Stadttouren

Eine **Vielzahl von Touren** durch die Stadt bietet die **Erfurt Tourist Information** (s. S. 66) an, darunter Altstadtführungen, Rundgänge auf dem Petersberg 41 (auch mit Taschenlampe), Stadtrundfahrten (z. B. mit der historischen Straßenbahn), Segway-Touren, thematische Führungen und Theaterspaziergänge. Es gibt auch eigene **Kinderstadtführungen,** u. a. zu den KiKA-Figuren der Stadt. Nähere Infos zu allen Angeboten unter Tel. 0361 6640120 und auf der Website der Touristeninformation.

Unterhaltung, Nachtleben

An **lauen Sommerabenden** verwandelt sich Erfurts Innenstadt in ein einziges, großes Freiluftrestaurant. Vor allem am Domplatz 37, Fischmarkt 6 und Wenigemarkt 14 sowie in der Michaelisstraße 28 reiht sich dann Stuhl an Stuhl. Musiker spielen auf und die Stadt verströmt ein **italienisches Flair**, das schon so manchen Gast überrascht hat. Auch sonst gibt es viele Bars, Kneipen und Klubs, die den Abend – sommers wie winters – nicht langweilig werden lassen.

Kneipen, Bars und Biergärten

79 [I D3] **Double B,** Marbacher Gasse 10, Tel. 2115122, www.doubleb-erfurt.de, geöffnet: Mo–Fr 8–1, Sa/So ab 9 Uhr. Kultkneipe mit 24 Std. Frühstücksangebot, Biergarten und eigenem Spielplatz.

- **Ecke Kornack in der Engelsburg** 34, Tel. 30259920, geöffnet: 12–24 Uhr. Restaurant und Kneipe für Jung und Alt im Studentenzentrum Engelsburg. Man sitzt gemütlich zwischen Fachwerk. Leckeres, preiswertes Essen und romantischer Biergarten im Innenhof.

80 [I F3] **Hemingway,** Michaelisstr. 45, Tel. 5519944, www.hemingway-erfurt.de, geöffnet: tgl. 18–1, Fr/Sa bis 2 Uhr. Eine Bar wie ein zweites Wohnzimmer, stilvoll eingerichtet und für Raucher geeignet.

81 **Mandala Beachclub,** Motzstr. 8, Stadtbahn: 6 bis Steigerstr., www.kressepark-erfurt.de, Tel. 7894413, geöffnet: bei schönem Wetter ab 16 Uhr, Restaurant tgl. ab 11 Uhr. Der ideale Ort zum Entspannen an warmen Sommertagen mit Livemusik, Barbecue und Cocktails unter Palmen. Angeschlossen sind

037ew Abb.: ms

ein Hofladen und das Restaurant Villa Haage – in letzterem werden u. a. Erfurter Kressespezialitäten serviert.

82 [I E4] **Noah,** Gr. Arche 8, www.altstadtkneipe-noah.de, Tel. 6121840, geöffnet: Mo 18–3, Di–Sa 16.30–3 Uhr, So geschl. Die urige Kneipe in Erfurts Altstadt, eingerichtet mit viel Holz und alten Bilder an den Wänden. Idyllischer Biergarten unter Bäumen. Kredenzt werden gute, deftige Speisen.

83 [I F2] **Patricks Pub,** Johannesstr. 39, www.patricks.de, Tel. 78924888, geöffnet: tgl. 17–1, Fr/Sa bis 3 Uhr. Irische Bier- und Whiskeysorten, auch Tastings werden angeboten. Irische Spezialitäten. Mit Biergarten.

84 [I E3] **Speicher Erfurt,** Waagegasse 2, geöffnet: tgl. 15–2 Uhr. In einem alten Speicher untergebrachte Künstlerkneipe mit Bühne. Selbstgebackener Kuchen und gute Stimmung. Kleiner, idyllischer Biergarten. Es darf geraucht werden.

85 [I F3] **Tikolor,** Wenigemarkt 5a, Tel. 6602614, geöffnet: 10–5 Uhr. Entspannte Kneipe und Klub im Zentrum.

Thüringisch schlemmen: Bratwurststände auf dem Domplatz 37

86 [I F3] **Übersee,** Kürschnergasse 8, Wenigemarkt 14, www.uebersee-erfurt.de, Tel. 6447607, geöffnet: Mo–Sa 9–1 Uhr, So 10.30–14 Uhr. Café, Restaurant, Bar und Kneipe mit Terrasse direkt über der Gera. Es gibt gutes Frühstück, zudem leckere Suppen, Salate und Pasta. Schwerpunkt sind karibische Speisen.

Gasthausbrauerei

87 **Waldhaus Erfurt,** Rhodaer Chaussee 12, im Steigerwald, www.waldhaus-erfurt.de, Tel. 3459320, geöffnet: tgl. 11–24 Uhr. Gasthausbrauerei am Waldesrand, italienische Küche, Spielplatz und kleiner Bauernhof.

Livemusik, Klubs und Discos

88 **Central Club,** Am Wasserturm, www.facebook.com/centralcluberfurt. Nachfolger des bekannten und beliebten Centrum Clubs. Eröffnung für September 2019 geplant.

› **ClubKeller Eburg in der Engelsburg** 34. Der älteste Studentenklub der Stadt im Keller der Engelsburg lässt die Herzen seiner Besucher mit Disco, Konzerten, Lesungen, Kino und vielen mehr höher schlagen.

89 [I F6] **Franz Mehlhose,** Löberstr. 12, www.franz-mehlhose.de, Tel. 5660203,

geöffnet: Fr/Sa ab 20 Uhr, Café Di–So 15–21 Uhr. Alternativer Klub, der viele Künstler und Studenten anlockt. Livekonzerte je nach Programm Fr oder Sa. Zum Klub gehört ein gemütliches Café.

90 Kalifstorch, Zum Güterbahnhof 20, Tel. 4304014, kalifstorch.com, geöffnet: Do 20–2, Fr/Sa 23–7 Uhr. Cool, hip und alternativ.

91 Loft Club, Motzstraße 8 (Kressepark), Tel. 7894413, www.loftclub-erfurt.de. Angesagte Location über den Dächern der Stadt.

92 [I G2] **Museumskeller,** Juri-Gagarin-Ring 140 a, www.museumskeller.de, Tel. 5624994. Traditionsreicher Klub mit Livemusik von Folk bis Pop. Außerdem gibt es eine urige Kellerkneipe und einen schönen Biergarten.

Theater und Konzerte

93 [I E5] **DASDIE Live,** Marstallstr. 12, www.dasdie.de, Tel. 551166. Das Varietétheater DASDIE Live bietet regelmäßig Varieté, Comedy und Travestieshows.

› **Kabarett „Die Arche" im Theater Waidspeicher** (s. S. 72), OG, www.kabarett-diearche.de, Tel. 5982924. Das Kabarett befindet sich im Obergeschoss des Waidspeichers und bietet rund 120 Gästen Platz. Zum Repertoire gehören humorvolle Stücke, z. B. zu Loriot und Heinz Erhardt.

94 [I E5] **KulturQuartier Erfurt,** Klostergang 4, im ehemaligen Schauspielhaus, www.kulturquartier-erfurt.de. Ambitioniertes Kulturprojekt, für das Unterstützer genossenschaftliche Anteile zeichnen können. Sommerprogramm mit Konzerten, Theater und Kino.

95 [I C5] **Theater Erfurt,** Theaterpl. 1, www.theater-erfurt.de, Tel. 22330. Moderne, sehenswerte Opern- und Ballettaufführungen oder Theatergastspiele.

96 [I E3] **Theater im Palais,** Michaelisstr. 30, www.theaterimpalais.de, Tel. 55049901. Freies Theater mit Kinder- und Abendprogramm. Kindervorstellungen immer Sa/So um 16 Uhr.

97 [I E4] **Theater Waidspeicher,** Domplatz 18/Mettengasse, im Hof zwischen Domplatz 37 und Großer Arche 36, EG, www.waidspeicher.de, Tel. 5982912. Puppentheater mit Stücken für Kinder und Erwachsene. Hier findet das Internationale Puppentheaterfestival „Synergura" (s. S. 9) statt. Im gleichen Gebäude hat das Kabarett „Die Arche" seine Spielstätte (s. S. 72).

Unterkunft

In Erfurt fällt eine Bettensteuer von 5 % auf den Bruttoübernachtungspreis an, die zusätzlich gezahlt werden muss.

Hotels

Sämtliche hier aufgeführte Hotels bieten **WLAN-Hotspots** an.

98 [I C4] **Dorint Hotel am Dom** €€€€, Theaterpl. 2, Stadtbahn: 4 bis Theater Erfurt, https://hotel-erfurt.dorint.com, Tel. 6445544. **Komfort im Zentrum:** betont sachlich eingerichtetes 5-Sterne-Hotel mit exzellentem Restaurant (Gloriosa). Zusätzlich Lobby-Bar, Sauna, Whirlpool und Wellness.

99 [I F3] **Hotel am Kaisersaal** €€, Futterstr. 8, Stadtbahn: 1, 5 bis Futterstr., www.hotel-am-kaisersaal.de, Tel. 658560. **Zentral und günstig:** 3-Sterne-Hotel im Zentrum. Bar in der Lobby, Familienzimmer. Das Hotel wird derzeit Richtung Innenhof erweitert.

100 [I B5] **Hotel Brühlerhöhe** €€€, Rudolfstr. 48, Stadtbahn: 4 bis Justizzentrum, www.hotel-bruehlerhoehe-erfurt.de, Tel. 2414990. **Modern und familiär:** privat geführtes 3-Sterne-Hotel mit Charme. Gutes Frühstücksbüfett. Tramhaltestelle direkt vor dem Haus, zentrumsnah.

EXTRAINFO

Buchungsportale

Neben Buchungsportalen für **Hotels** (z. B. www.booking.com, www.hrs.de oder www.trivago.de) bzw. für **Hostels** (z. B. www.hostelworld.de oder www.hostelbookers.de) gibt es auch Anbieter, bei denen man **Privatunterkünfte** buchen kann. Portale wie www.airbnb.de, www.wimdu.de oder www.9flats.com vermitteln Wohnungen, Zimmer oder auch nur einen Schlafplatz auf einer Couch. Diese oft recht günstigen Übernachtungsmöglichkeiten sind nicht unumstritten, weil manchmal normale Wohnungen gewerblich missbraucht werden. Einige Städte greifen deshalb regulierend ein.

101 [I D3] **Hotel Domizil** €€€, Andreasstraße 36, Tel. 38033100, www.hotel-domizil-erfurt.de. **Erstklassig und zentral:** ausgezeichnetes Hotel am Domplatz. Gute, angenehme Ausstattung.

102 [I F3] **Hotel Krämerbrücke** €€€€, Gotthardtstr. 27, Stadtbahn 1, 5 bis Futterstr., www.ibbhotelerfurt.com, Tel. 67400. **Blick auf die Krämerbrücke** 11: Zimmer modern und in warmen Farben gehalten. Eigenes Restaurant sowie Massagen und Kosmetikbehandlungen.

103 [I F5] **Hotel Zumnorde** €€€€, Anger 50/51, Stadtbahn: alle Linien bis Anger, www.hotel-zumnorde.de, Tel. 56800. **Stilvoll wohnen direkt am Anger:** 4-Sterne-Hotel mit geräumigen Zimmern, Bar, erstklassigem Restaurant und Sauna. Vielfältige Wellnessangebote.

104 [I F4] **Ibis Hotel Altstadt** €€, Barfüßerstr. 9, Stadtbahn: alle Linien bis Angerbrunnen, www.ibis.com, Tel. 66410. **Preiswert und zentral:** 2-Sterne-Hotel mit einfachen Zimmern. Sehr zentrale, ruhige Lage. Es gibt auch Familienzimmer.

105 [I G3] **Mercure Hotel Altstadt** €€€€, Meienbergstr. 26–27, Stadtbahn: alle Linien bis Anger, www.mercure.com, Tel. 59490. **Schlicht und gut:** angenehmes 4-Sterne-Hotel. Günstige Lage nahe dem Anger 1. Sehr gutes Restaurant (Zum Rebstock), Sauna, Whirlpool, Wellness und reichhaltiges Frühstücksbüfett.

106 **Victor's Residenz-Hotel** €€€–€€€€, Häßlerstr. 17, Stadtbahn: 3, 6 bis Tschaikowskistr., www.victors.de, Tel. 65330. **Ruhiges Stadtteil-Hotel:** 4 Sterne südlich der Innenstadt im ruhigen Wohnviertel. Mit zugehörigem Restaurant und Bar.

Preiskategorien Unterkünfte

Preis für ein Doppelzimmer mit Frühstück:

€	bis 50 €
€€	50–75 €
€€€	75–100 €
€€€€	über 100 €

Pensionen und Gästehäuser

107 [I E3] **Altstadtpension am Dom** €€–€€€, Pergamentergasse 42, Stadtbahn: 3, 4, 6 bis Domplatz, www.altstadtpension-erfurt.de, Tel. 6020197. **Behaglich wohnen am Dom:** kleine, hübsch eingerichtete Pension nahe dem Domplatz 37. Ferner Apartments im Angebot.

108 [I F2] **Gästehaus in der Gotthardtstraße** €€€, Gotthardtstraße 7, Tel. 0177 628497. **Sehr zentral:** einfach aber ansprechend eingerichtete Zimmer nahe dem Augustinerkloster.

› **Peckham's Bed & Breakfast** €–€€, im Peckham's Coffee House (s. S. 66). **Das zweite Wohnzimmer:** Über dem hübschen Café stehen zwei charmante Gästezimmer zur Verfügung. Buchung tel. mindestens 24 Std. vorher.

109 [I F2] **Pension Augustinerkloster** €€€, Augustinerstr. 10, Stadtbahn:

1, 5 bis Augustinerstraße, www.augustinerkloster.de (unter „Beherbergen"), Tel. 576600. **Gepflegt wohnen im Kloster:** ordentliche Zimmer im ehemaligen Augustinerkloster 20. Im angegliederten Waidhaus (www.waidhaus-erfurt.de) stehen zudem 17 sehr geschmackvolle Einzelzimmer zur Verfügung. Kein TV, Radio, Internet – genau das Richtige für die Flucht aus dem Alltag.

110 Pension Weber €€, Eislebener Str. 2, Tel. 66343930, www.pension-weber-erfurt.de. **Gut und günstig:** modern gestaltete Pension an der Lutherkirche, nördlich der Innenstadt.

111 [I E3] **Villa Altstadtperle** €€€, Michaelistr. 29, Stadtbahn: 3, 4, 6 bis Fischmarkt, www.altstadtperle-erfurt.de, Tel. 5535191, WLAN. **Komfort im Zentrum:** gemütliche Zimmer mitten in der Altstadt. Außerdem drei Apartments.

112 [I B7] **Villa am Park** €€, Tettaustr. 5 c, Stadtbahn: 2, 4 bis Gothaer Platz, www.villa-am-park-erfurt.de, Tel. 7894860, WLAN. **Pension im Villenviertel:** westlich des Zentrums mit reizvollen, individuell ausgestatteten Zimmern.

Ferienwohnungen

113 [I F3] **Altstadtapartment an der Krämerbrücke** €€€, Hütergasse 4, Stadtbahn: 3, 4, 6 bis Fischmarkt, www.fewo-altstadt-erfurt.de, Tel. 0176 34950090, WLAN. **Stilvoll wohnen:** gemütliche Komfortwohnungen in toller Lage. Mindestaufenthalt: 3 Nächte.

114 [I D2] **Ferienhaus Zum kleinen Apfel** €€€, Glockengasse 41, Stadtbahn: 1, 3 bis Andreaskirche, http://ferienhaus-zum-kleinen-apfel.erfurt-hotel-online.com, Tel. 05505 999172. **Hübsche Zimmer im kleinen Haus:** gemütliche Ferienwohnung mitten im Andreasviertel 22, die Platz für bis zu 6 Personen bietet. Wohlfühlatmosphäre garantiert.

115 [I E3] **Stella Apartments** €€-€€€, Pergamentergasse 7, Stadtbahn: 1, 3, 4 bis Dompl., www.stella-apartments.de, Tel. 5519587. **Übernachten im Fachwerkhaus:** stilvolle Zimmer in Domplatznähe 37. Für mind. 2 Nächte.

Jugendherbergen und Hostels

116 Jugendherberge Erfurt €-€€, Hochheimer Str. 12, Stadtbahn: 5 bis Hochheimer Str., www.jugendherberge.de, Tel. 5626705. **Modern und schlicht:** Die Jugendherberge befindet sich unweit der Altstadt. Alle Zimmer sind mit Dusche/WC ausgestattet. DZ 57 €, Bett ab 26 €.

117 [I D6] **Opera Hostel** €-€€, Walkmühlstr. 13, Stadtbahn: 2, 4 bis Finanzzentrum, www.opera-hostel.de, Tel. 60131360, WLAN. **Zentrale Lage:** Hostel mit Altbau-Charme neben der ehemaligen Oper. 24-Std.-Rezeption und saubere, behaglich eingerichtete Zimmer mit und ohne eigenem Bad. Gutes Preis-Leistungs-Verhältnis. DZ ab 54 €, Bett ab 15 €.

Verkehrsmittel

Ein sehr gut ausgebautes Netz an **Stadtbahnlinien** erschließt die Stadt. Alle Sehenswürdigkeiten und Unterkünfte sind mit der Tram gut erreichbar. Alle Linien führen über den **Anger** 1. **Fahrkarten** gibt es in der Tourist Information Thüringen (s. S. 66), im EVAG-Mobilitätszentrum und an Ticketautomaten an den Haltestellen und in den meisten Stadtbahnen.

- **118** [I G4] **EVAG-Mobilitätszentrum am Anger,** Schlösserstr. 4, www.stadtwerke-erfurt.de, Tel. 5644644, geöffnet: Mo–Fr 8.30–19, Sa 9.30–15 Uhr

> **Ticketpreise:** 4-Fahrten-Karte 7,60 €, Tageskarte 5,40 €, Gruppentageskarte 10,50 €

WEIMAR

070ew Abb.: fo©Henry Czauderna, stock.adobe.com

Weimar verstehen

Weimar – ein Porträt

Blickt man vom Turm der Jakobskirche 77, so kann man **Weimars wechselvolle Geschichte** gut **in der Architektur ablesen.** In Richtung Süden wird die Stadt vom Turm und dem hohen Schiff der Herderkirche 71 überragt. Um diese herum ducken sich zahllose wenig markante Häuser, die von einer Zeit zeugen, als Weimar lediglich eine kleine, regionale **Handelsstadt im großen Kurfürstentum Sachsen** war. Direkt neben der Kirche ragt ein zweiter Turm empor. Dieser gehört zum Stadtschloss 68, der **Residenz der Herzoge,** die nach der Erfurter Teilung das 1572 neu gegründete Herzogtum Sachsen-Weimar regierten. Unter Johann III. (1570–1605) wurde dabei der Grundstein für eine kulturelle Entwicklung gelegt, die Weimar fortan prägen sollte. **Dichter, Denker und Musiker** hinterließen deutliche Spuren. Die Wohnhäuser Goethes 59, Schillers 56 und Liszts 90 gehören ebenso dazu wie das Deutsche Nationaltheater 52, die Residenz der kunstbeflissenen Herzogin Anna Amalia (Wittumspalais 54) sowie die weitläufigen herzoglichen Parks und Sommerresidenzen (Park an der Ilm 64, Schloss und Park Belvedere 93, Schloss und Park Tiefurt 94). Seit 2019 ist auch der im Nordwesten gelegene, sehr markante Kubus des neuen Bauhaus-Museums unschwer zu erkennen.

Vorseite: Der Neptunbrunnen am Markt 57 ist der älteste Brunnen der Stadt *(s. S. 90)*

Grandiose Aussicht über die Stadt vom Turm der Jakobskirche 77

Um das Zentrum herum erstrecken sich weitläufige Viertel mit **stattlichen, gründerzeitlichen Villen.** Diese waren jedoch nicht wie andernorts Wohnsitz reicher Fabrikanten, denn das industrielle Zeitalter ging Dank der Abneigung Großherzog Carl Alexanders (1818–1901) gegen hohe Schornsteine an Weimar nahezu spurlos vorüber. Hier lebte vielmehr das kulturell gebildete, wohlhabende **Bürgertum** der Stadt. Im Kontrast zu den von

viel Grün und idyllischen Gärten umgebenen Häusern steht das überdimensionale, **im Dritten Reich errichtete Gauforum** (84). Leider vergingen sich die Nationalsozialisten nicht nur städtebaulich an Weimar. Durch das **Konzentrationslager Buchenwald** (96) wurde die Stadt Schauplatz einer unmenschlichen Barbarei, an welche der weithin sichtbare Glockenturm am Ettersberg bis heute erinnert.

In den **Zeiten des Sozialismus** wurden viele Wunden, die der Krieg geschlagen hatte, geschlossen, andere dafür aufgerissen. Jenseits einiger symbolträchtiger Instandhaltungsmaßnahmen **verfiel die Stadt.**

Nach der Wende erfuhr Weimar zunächst viel Aufmerksamkeit. So wurde der Ort 1999 **Kulturhauptstadt Europas**; die Stätten der Klassik und des Bauhauses brachten gleich **zwei UNESCO-Weltkulturerbetitel** ein. In Weimar wurde umfassend saniert und neu gebaut.

Trotzdem ist der Stadt durchaus anzumerken, dass sie eine **gewisse Last** zu tragen hat: einerseits **finanziell**, denn die Unterhaltung der vielen historisch wertvollen Gedenkstätten und Museen und die Aufrechterhaltung des für das Image so wichtigen Kulturstatus' kostet enorme Summen; andererseits **geschichtlich**, denn das kulturelle Erbe der Klassikerzeit will inhaltlich so verarbeitet werden, dass es zwar authentisch, aber auch didaktisch modern präsentiert wird. Auch der Umgang mit den Gräueltaten im KZ Buchenwald erfordert viel Fingerspitzengefühl und Sensibilität. Doch Weimar verlangt nicht nur der Verwaltung einiges ab, auch der Besucher ist gefordert. Weimar öffnet sich nicht immer auf den ersten Blick, will **entdeckt, erlebt und hinterfragt** werden und ist dabei sowohl geschichtlich als auch kulturell einer der interessantesten Orte Deutschlands.

KURZ & KNAPP

Weimar in Zahlen

- **Gegründet:** 899
- **Einwohner:** 65.000
- **Bevölkerungsdichte:** 750 Einw./km²
- **Fläche:** 84,26 km²
- **Höhe ü. M.:** 208 m
- **Anzahl der Bühnen:** 9

040ew Abb.: ms

EXTRAINFO

Kosmos Weimar

Im Rahmen des Projekts „Kosmos Weimar“ sollen **bis 2022** Museen und Ausstellungen zur **Weimarer Klassik** und dem **Bauhaus** neu konzipiert werden. Ziel ist es, deutsche Kulturgeschichte sicht- und erlebbar zu machen und einen „Lernort für alle“ zu schaffen. Rund 150 Mio. Euro werden zu diesem Zweck investiert. Zentraler Anlaufpunkt der **neuen Museumslandschaft** wird das Stadtschloss 68 sein. Federführend ist die **Klassik Stiftung Weimar** (www.klassik-stiftung.de). Im Rahmen des Projekts wurde 2019 das neue **Bauhaus-Museum** 83 eröffnet.

Geschichte

Das kleine Herzogtum Weimar hatte im 18. Jh. zunächst Glück. Glück, dass es mit **Anna Amalia** (1739–1807) eine zwar extrem auf Etikette achtende, aber auch sehr gebildete und an Kunst interessierte Regentin bekam. Ihr Sohn **Carl August** (s. r.) stand ihr in nichts nach. Im Gegenteil, er vermochte es, das Herzogtum Sachsen-Weimar fortschrittlich umzugestalten. Seine Freundschaft mit **Goethe** (1749–1832) prägte die Kultur, Politik und Entwicklung der Stadt. Weimar wurde so bis zur Abdankung des letzten Großherzogs im Jahre 1918 zu einem **Ort der Kunst und des freiheitlichen Denkens,** allerdings stets unter den Prämissen des Absolutismus.

Nach dem Ende des Ersten Weltkrieges und dem Zusammenbruch des Kaiserreichs begannen für Weimar zunächst hoffnungsvolle Zeiten. 1919 gründete **Walter Gropius** (1883–1969) hier das **Bauhaus.** Im gleichen Jahr fand im Deutschen Nationaltheater 52 die **Weimarer Nationalversammlung** (s. S. 87) statt. Die demokratische Ära der **Weimarer Republik** wurde eingeläutet.

In dieser Zeit der dramatischen Umbrüche begann Weimar, sich zu verändern. Vor allem das **Bildungsbürgertum** schaute mit verklärtem Blick zurück auf das herzoglich geprägte „Klassische Weimar“ und damit auf eine Zeit der Stabilität und der Machtausübung durch einen Regenten. Als die dominante Mittel-

Herzog Carl August

*Der Weitsicht und dem Engagement **Carl Augusts** (1757–1828), Herzog und später Großherzog von Sachsen-Weimar-Eisenach, ist es zu einem großen Teil zu verdanken, dass Weimar die Heimat der deutschen Klassik unter dem Viergestirn Goethe, Schiller, Wieland und Herder wurde. Carl August war, nicht zuletzt Dank seiner Mutter **Anna Amalia** und seines Lehrers **Christoph Martin Wieland**, ein vielseitig gebildeter Regent. Seine Reformen in Weimar waren wegweisend für die Entwicklung der Stadt, die zu einem Ort der Kunst und Kultur wurde.*

*Besonders entscheidend war das Zusammentreffen Carl Augusts mit **Goethe:** Auf der Rückreise von einer Bildungsreise durch Frankreich machte der junge Herzog 1774 in Frankfurt Halt und lud den berühmten Dichter nach Weimar ein. Goethe folgte der Einladung. Die sich entwickelnde tiefe Freundschaft zwischen Goethe und Carl August war der Beginn des „Goldenen Zeitalters“ der Weimarer Klassik (s. S. 94).*

schicht von den **Wirtschaftskrisen** der 1920er-Jahre getroffen wurde, distanzierte sich diese zunehmend von der parlamentarischen Weimarer Republik. Die Stadt entwickelte sich zu einem **Zentrum konservativer und nationalistischer Strömungen.** Die Machtverhältnisse im Thüringer Landtag verschoben sich zugunsten der nationalistischen Parteien. Mit dem erzwungenen Umzug des Bauhauses nach Dessau im Jahr 1925 und dem **zweiten Parteitag der NSDAP** 1926 im Nationaltheater begann eine düstere Zeit. Zwei Ansichten trafen dabei unheilvoll aufeinander: Für **Hitler** war Weimar die Quelle der deutschen Kulturtradition, für das Bildungsbürgertum symbolisierte Hitler Ordnung, Sicherheit und ein neues, stabiles System. Er machte Weimar zum **Zentrum des Gaus Thüringen.** Goethes und Schillers Erbe wurde für nationale und totalitäre Ideen missbraucht. Die Errichtung des **Konzentrationslagers Buchenwald** 96 vernichtete alles, wofür Weimar bis dato stand. Nach der Befreiung der Stadt durch US-Truppen 1945 und der Übergabe an die Rote Armee wurde das ehemalige KZ ein weiteres Mal instrumentalisiert, diesmal unter sozialistischen Vorzeichen im Zuge der zweiten deutschen Diktatur.

Weimar hat heute im positiven Sinne zu seinen Wurzeln zurückgefunden. Der **Geist der Klassik** (s. S. 94) ist wieder überall spürbar. Die Kleinstadt ehrt ihre Dichter und Denker mit einem **überwältigenden Kulturangebot.** Doch trifft man auch immer wieder auf Spuren der NS-Zeit. Diese mahnen nach wie vor zur Vorsicht gegenüber dogmatischen Ideologien.

200.000 v. Chr. Der Fund des Ehringsdorfer Urmenschen (s. S. 116) zeigt, dass die Region schon zur Steinzeit besiedelt ist.
899 Die Stadt Wimares wird erstmals erwähnt.
975 Erste urkundliche Erwähnung der Burg Weimar in einem Dokument von König Otto II. (955–983)
1410 Weimar erhält Stadtrecht.
15. Jh. Bau der Stadtmauer, Verleihung

Das Römische Haus 67 *im Park an der Ilm* 64 *stammt aus der Zeit der Weimarer Klassik*

041ew Abb.: ms

zusätzlicher Marktrechte. Weimar ist Teil des Kurfürstentums Sachsen.

1552 Johann Friedrich I. (1503–1554), genannt der Großmütige, macht Weimar zu seiner Residenz.

1572 Im Zuge der Erfurter Teilung wird das Herzogtum Sachsen-Weimar ausgerufen. Beginn der Thüringer Kleinstaaterei.

4.10.1653 In Weimar findet der erste Zwiebelmarkt statt.

1691 Herzog Wilhelm Ernst (1662–1728) errichtet die öffentlich zugängliche Herzogliche Bibliothek, die heutige Herzogin Anna Amalia Bibliothek 63.

1708–1717 Johann Sebastian Bach (1685–1750) wirkt in Weimar als Hoforganist, später als Konzertmeister.

1741 Das Fürstentum Eisenach fällt an Sachsen-Weimar.

1759 Beginn des „Goldenen Zeitalters" unter Herzogin Anna Amalia (1739–1807)

1772 Christoph Martin Wieland (1733–1813) wird als Erzieher des Erbprinzen Carl August (1757–1828) nach Weimar berufen.

1775 Carl August übernimmt die Regierungsgeschäfte und Johann Wolfgang von Goethe (1749–1832) kommt nach Weimar. Anna Amalia ruft den Musenhof für kulturell interessierte Bürger und Adlige ins Leben.

1776 Goethe wird Minister in Weimar und Johann Gottfried Herder (1744–1803) Generalsuperintendent.

1794–1805 Zeit der Weimarer Klassik (s. S. 94) und der Zusammenarbeit des Viergestirns Goethe, Schiller, Herder und Wieland

1815 Das Herzogtum Sachsen-Weimar-Eisenach wird zum Großherzogtum.

1816 Verabschiedung der ersten Verfassung eines deutschen Landes

1832 Goethe verstirbt am 22. März und wird in der Fürstengruft beigesetzt.

1842 Franz Liszt (1811–1886) wird Kapellmeister in Weimar. Beginn des „Silbernen Zeitalters" unter Großherzogin Maria Pawlowna (1786–1859).

1918 Großherzog Wilhelm Ernst (1876–1923) dankt als Folge der Novemberrevolution ab.

1919 Das Bauhaus Weimar wird gegründet. Die verfassungsgebende Versammlung tagt im Nationaltheater 52. Beginn der Weimarer Republik.

1920 Weimar wird Hauptstadt des neu gegründeten Landes Thüringen.

1925 Nach dem Sieg konservativer Kräfte bei den Landtagswahlen siedelt das Bauhaus nach Dessau über.

1926 Parteitag der NSDAP in Weimar und Gründung der Hitlerjugend

1937–1945 Vereinnahmung der Stadt durch die Nationalsozialisten. Bau des KZ Buchenwald.

1945 Bombardierung Weimars und Befreiung durch die Amerikaner. Die Stadt wird an die Rote Armee übergeben.

1948 Das Deutsche Nationaltheater und Goethes Wohnhaus 59 werden wiedereröffnet.

17./18. Juni 1953 Streik von 3000 Betriebsangehörigen im VEB Mähdrescherwerk. Die politische Führung erklärt den Ausnahmezustand und verhindert Demonstrationszüge durch die Stadt.

1958 Einweihung der Mahn- und Gedenkstätte Buchenwald 96

Herbst 1989 Politische Wende. In Weimar demonstrieren bis zu 15.000 Teilnehmer und halten Friedensgebete ab.

1996 Ernennung der Bauhaus-Stätten zum UNESCO-Weltkulturerbe

1998 Die Gebäude des „Klassischen Weimar" werden UNESCO-Weltkulturerbe.

1999 Weimar ist Kulturhauptstadt Europas.

2002 Der literarische Nachlass Goethes wird UNESCO-Weltdokumentenerbe.

2004 Am 2. September zerstört ein verheerendes Feuer in der Herzogin Anna Amalia Bibliothek mehr als 50.000 historische Bücher.

042ew Abb.: ms

2007 Die Bibliothek wird nach dem Brand wiedereröffnet.

2018–2023 Sanierungsarbeiten am Stadtschloss

2019 Eröffnung des neuen Bauhaus-Museums 83 anlässlich des 100. Bauhaus-Jubiläums (s. S. 9)

Ab 2021 Sanierungsarbeiten am Goethe-Wohnhaus 59

Leben in Weimar

Kopfsteinpflaster und Pferdekutschen, flanierende Menschen in den Gassen der Altstadt und Violinenklänge aus den Räumen der Musikhochschule – Weimar gibt sich **auf den ersten Blick sehr beschaulich.** Doch ist die Stadt nicht nur ruhig und idyllisch. Weimar steckt voller Überraschungen und bietet **auf kleinem Raum so viel Kultur,** dass es selbst dem versierten Weimarer oft schwer fällt, sich zwischen den unzähligen Theaterdarbietungen, Filmvorführungen, Ausstellungen, Lesungen und Konzerten zu entscheiden. Längst hat die Kunst den öffentlichen Raum erobert: An den Häuserwänden lassen sich Zitate ruhmreicher Dichter und Denker lesen sowie mehr oder minder philosophische Gedanken der Weimarer Jugend in Form von **Streetart,** als Auflehnung gegen das bürgerliche, klassische Weimar.

Rebellisch war man in Weimar auch schon in den **1980er-Jahren,** wobei sich der Groll seinerzeit gegen das DDR-Regime wendete. „Macht aus dem Staat Gurkensalat“ und „Wehr dich“ forderten damals Graffitis. Man traf sich in den Studentenklubs, in Kellern und Privatwohnungen: zum Gedankenaustausch, zu Lesungen und Konzerten. Nach der Wende wurde die **Untergrundkultur** sichtbar und hat in Form des C.Kellers (s. S. 130) und des ACC (s. S. 128) bis heute überlebt.

Weimar ist heute ein von **vielen Grünanlagen** durchzogener Ort, in dem es sich gut lebt. Die Stadt wächst, wobei besonders ältere Menschen zuziehen, um hier, unweit von

◸ *Bei Besuchern sehr beliebt: Kutschfahrten (s. S. 129) durch Weimar*

Goethe und Schiller, ihren Lebensabend zu verbringen. Trotzdem ist Weimar keineswegs überaltert. Überall sieht man Familien mit Kindern, auf dem Weg nach Hause, im Park oder in den Kindertagesstätten, von denen es selbst im Zentrum reichlich gibt. Man wohnt gern in den **mondänen Villen und Gründerzeithäusern** der Stadt. Meist von einem idyllischen Garten umgeben und grundlegend saniert, bieten sie heute einen idealen, stilvollen Wohnraum. Das war natürlich nicht immer so. Häuser aus Vorkriegszeiten waren in der DDR nur mühselig mit Kohle heizbar und sehr zugig. Viele Familien zog es daher in die **Plattenbaugebiete**, die sich in Weimar **östlich und nördlich des Zentrums** befinden. Zwar wurde die „Platte“ mittlerweile weitestgehend saniert, gehört aber dennoch zu den Problemzonen der Stadtentwicklung.

Ganz anders sieht es **in der Innenstadt** aus. Der **Wohnraum** hier ist **teuer** und bei allen Altersgruppen beliebt, nicht zuletzt, weil alles fußläufig erreichbar ist. Schon **Thomas Mann** bemerkte in seinem Roman **„Lotte in Weimar“**: „Bei uns in Weimar gibt es dergleichen wie weite Wege nicht.“ Weiter heißt es: „ (...) unsere Größe beruht im Geistigen.“ Und Nahrung für den Geist gibt es in Weimar wirklich allerorten.

Für das leibliche Wohl hingegen sorgen die etlichen guten Cafés und Restaurants. Gemessen an der Einwohnerzahl ist die **Gasthausdichte** fast so hoch wie in Berlin – ein Hinweis darauf, dass der **Dienstleistungssektor** in Weimar einen Stellenwert hat wie in kaum einem anderen Ort Deutschlands. Ganze 87 % der Berufstätigen sind im Service beschäftigt, wobei die Mehrzahl der Stellen im **Tourismus** zu finden ist.

Weimar ist heute trotz zahlreicher Besucher ein **Ort mit Charme**, in dem es auch so manche stille Rückzugsecke gibt. Dass sich ein Besuch in der Stadt lohnt, wusste schon **Goethe**, der zu seinem Freund Eckermann sagte: „Wo finden Sie auf einem so engen Fleck noch so viel Gutes? (...) Bleiben Sie bei uns (...) wählen Sie Weimar zu Ihrem Wohnort.“

Weimar entdecken

Weimar im Intensivdurchgang

1. Tag – Stadtspaziergang

Der rund dreistündige Rundgang führt den Reisenden zu den Glanz- und Höhepunkten in Weimars Altstadt und zur grünen Lunge der Stadt.

Los geht es vor dem **Deutschen Nationaltheater** 52 mit dem **Wahrzeichen der Stadt**, dem **Goethe-Schiller-Denkmal** 51. In südlicher Richtung gelangt man auf die **Schillerstraße** 55 mit Schillers Wohnhaus 56. Folgt man der Straße und biegt rechts ab, so erreicht man den hübschen, gepflasterten Altstadtplatz **Frauenplan** 58. Einen Besuch in **Goethes Wohnhaus** 59 sollte man sich nicht entgehen lassen. Über die Seifengasse 60, die Puschkinstraße [II D4] und die Frauentorstraße [II D4] kommt man zum **Markt** 57, wo **Imbissstände** mit leckerer Thüringer Bratwurst zu einer kleinen Stärkung einladen.

Von hier geht es in südöstlicher Richtung zum **Platz der Demokra-**

Routenverlauf im Stadtplan

Der hier beschriebene Spaziergang ist mit einer farbigen Linie im Stadtplan eingezeichnet.

tie 62. Am Platz befindet sich die berühmte **Herzogin Anna Amalia Bibliothek** 63. Hinter der Bibliothek begibt man sich auf einen kleinen, erholsamen Spaziergang durch den **Park an der Ilm** 64, in dem das sehenswerte **Gartenhaus von Goethe** 65 zur Besichtigung einlädt.

Am **Stadtschloss** 68 taucht man wieder in das **städtische Weimar** ein. Hinter dem **Residenz Café** (s. S. 125) am **Grünen Markt** 69 geht es nach rechts. Anschließend biegt man links in die Schloßgasse [II D3/4] ein und folgt nach 50 m rechts der Kaufstraße [II D4] in Richtung **Herderplatz** 70 – hier erreicht man die interessante **Herderkirche** 71.

Über die pittoreske Vorwerksgasse [II D3] geht es nun bergab zu **Marstall und Kegelplatz** 74. Hier befindet sich die **Albert-Schweitzer-Gedenk- und Begegnungsstätte** (s. S. 126). Diese umrundet man auf der Gerberstraße [II D3] und folgt dem Untergraben bis zur rechts abzweigenden Jakobstraße. Rasch erreicht man die **Jakobskirche** 77, in der sich Goethe und Christiane Vulpius das Jawort gaben. Der links abzweigende Rollplatz [II C3] führt zum **Graben** 76, wo einst die **Stadtmauer** verlief. Über die Rollgasse sollte ein Abstecher zum neuen Bauhaus-Museum 83 eingeplant werden. Der Karlstraße weiter geradeaus folgend, lädt der **Café-Laden** (s. S. 123) zum Verweilen ein. Biegt man am Ende der Karlstraße rechts ab, erreicht man die Straßen **Eisfeld** [II C/D3] und **Geleitstraße** 79. Hier erwarten den Besucher **eindrucksvolle Häuserarchitektur** und **Gaumenfreuden**, z. B. im Gasthaus Scharfe Ecke (s. S. 122) oder im Köstritzer Schwarzbierhaus (s. S. 122). Über den Goetheplatz 78 und, links abbiegend, die Wielandstraße [II C4] gelangt man zurück zum Theaterplatz.

Der Tag lässt sich im typischen Weimarer Gasthaus Zum Siechen-

Stadthaus (links) und Cranachhaus (rechts) am Markt 57

043ew Abb.: ms

bräu (s. S. 122) oder im alternativ angehauchten **ACC Café-Restaurant** (s. S. 123) wunderbar ausklingen. Abends locken zudem die **Theatervorstellungen** im Deutschen Nationaltheater.

2. Tag – Natur und Museen

Nach der Erkundung der Weimarer Altstadt geht es am zweiten Tag in die Natur. Im **Park an der Ilm** 64 und in den herrlichen Grünanlagen der Schlossparks **Belvedere** 93 und **Tiefurt** 94 kann man in entspannter, idyllischer Atmosphäre mehrere Stunden verbringen. Auch ein Rundgang durch das südliche **Villenviertel** 87 oder ein Spaziergang auf dem **Historischen Friedhof** 88 bieten sich an.

Geschichts- und Kulturinteressierte nutzen den Tag, um die kleineren, aber nicht minder spannenden **Museen und historische Häuser** wie z. B. das Liszt-Haus 90, das Kirms-Krackow-Haus 72, das Wittumspalais 54 oder das Schlossmuseum 68 zu besichtigen. Ebenfalls auf dem Programm stehen sollte ein Besuch der **Gedenkstätte Buchenwald** 96.

EXTRATIPP

Rückzugsorte

- Am **Donndorfbrunnen** 80 lässt es sich etwas abseits des Trubels wunderbar entspannen. Das gemütliche Café **Donndorf** (s. S. 124) lockt mit schmackhaftem Kaffee und Kuchen.
- Am **Frauenplan** 58 kann der fußmüde Gast auf den Bänken unter einer Pergola ausruhen und das Erlebte Revue passieren lassen.
- Der **Park an der Ilm** 64 liegt mitten in der Stadt. Weitläufige Rasenflächen und idyllisch gelegene Bänke laden zum Rasten und Erholen ein.

Erlebenswertes im Zentrum

51 Goethe-Schiller-Denkmal ★★ [II C4]

Es ist das unumstrittene Wahrzeichen Weimars: Das imposante Doppelstandbild von Goethe und Schiller auf dem Theaterplatz gehört zu Weimar wie der Fernsehturm zu Berlin. Zugleich ist es eines der bekanntesten Denkmäler Deutschlands. Dass es hier steht, ist letztlich eine Folge historischer Begebenheiten zur Mitte des 18. Jh.

Weimar war seinerzeit Hauptstadt des Herzogtums Sachsen-Weimar, zu dem ab 1714 auch Eisenach gehörte. Regiert wurde es vom gesundheitlich angeschlagenen Herzog **Ernst August II.** (1737–1758). Da der Hof mit einem baldigen Ableben des kinderlosen Regenten rechnete, drohte der Ernstfall: ein Aussterben des Weimarer Herrscherhauses. Man drängte folgerichtig auf eine schnelle Heirat. Diese wurde 1756 mit **Anna Amalia**

044ew Abb.: ms

(1739–1807), der Tochter des Herzogs Karl I. von Braunschweig-Wolfenbüttel, vollzogen. Ein Glücksfall, wie sich herausstellte, denn Anna Amalia erfüllte nicht nur ihre dynastische Pflicht und schenkte zwei Söhnen das Leben, sondern brachte auch das recht rückständige Herzogtum politisch, sozial und vor allem kulturell „auf Vordermann".

Entscheidend für die Zukunft Weimars war jedoch das Zusammentreffen ihres Sohnes Carl August I. mit Goethe (s. S. 78). Die **Einweihung** des Goethe-Schiller-Denkmals am 4. September 1857, dem **100. Geburtstag des Herzogs** würdigte diese folgenreiche Verbindung.

Geschaffen wurde das Monument vom Dresdner Bildhauer Ernst Rietschel. Dieser gab beiden Dichtern – politisch wie auch literaturhistorisch korrekt – die **gleiche Körpergroße**, obwohl **Schiller** mit seinen 1,85 m **Goethe** um ganze 16 cm überragte. Trotzdem gibt es Unterschiede: Goethe wirkt in seinem gediegenen Hoffrack deutlich ernster und gesetzter, Schiller mit hervorstehendem Hemdkragen und seinen feinen Gesichtszügen jugendlicher und ungestümer.

Dass das in **Bronze** gegossene Denkmal unmittelbar vor dem Deutschen Nationaltheater 52 steht, ist kein Zufall, prägten doch Goethe und Schiller lange Zeit künstlerisch die Geschicke des traditionsreichen Hauses.

› Bus: alle Linien bis Goetheplatz
› Theaterplatz

Das berühmte Goethe-Schiller-Denkmal vor dem Nationaltheater

52 Deutsches Nationaltheater ★★★ [II C4]

Verglichen mit anderen Theaterhäusern im Land wirkt das Deutsche Nationaltheater Weimar baulich recht unscheinbar. Seine wahre Größe ist eher geschichtlicher und geistiger Natur, zählt es doch zu den traditionsreichsten und wichtigsten Spielstätten Deutschlands.

Gegründet wurde es 1791 während der Regierungszeit Anna Amalias als **„Weimarer Hoftheater". Erster Theaterdirektor** war **Goethe höchstpersönlich.** Zusammen mit Friedrich Schiller (1759–1805) verschaffte er dem Haus Geltung. Dramen wie Goethes „Iphigenie auf Tauris" und Schillers „Wallenstein" gingen von hier aus um die Welt. Bis 1817 gab es über 4800 Vorstellungen, also rund 300 pro Jahr. Doch nicht nur die Anzahl an Aufführungen begründete

Das gibt es nur in Weimar

- *Ein Fest, bei dem sich alles um eine beliebte, würzig-scharfe Lauchart dreht: der* ***Weimarer Zwiebelmarkt.***
- *Ein Museum, das sich einzig einem Baum widmet: das* ***Ginkgo Museum*** *(s. S. 126).*
- *Wohl nirgends kommt man dem Dichter und Geheimrat* ***Johann Wolfgang von Goethe*** *näher als in seinem einstigen* ***Wohnhaus*** *59 am beschaulichen Altstadtplatz Frauenplan 58.*
- *Unter- statt oberirdisch: Die* ***Große Parkhöhle*** *im* ***Park an der Ilm*** *64 lässt Besucher in Weimars Unterwelt abtauchen.*

045ew Abb.: ms

den Ruhm des Hauses, auch deren Qualität. Der Dichter Jean Paul meinte: „Gegen das neue Theater (in Weimar) sind die anderen deutschen nur Kulissen." Kein Wunder also, dass hier 1876 erstmals der gesamte „Faust" aufgeführt wurde und sowohl **Franz Liszt** als auch **Richard Strauss** als **Kapellmeister** wirkten.

Um die Jahrhundertwende endete zunächst die glanzvolle Zeit des Theaters. Eine Modernisierung und geistige Neuausrichtung der Spielstätte hin zu einem Mustertheater für avantgardistische Stücke und die Gründung einer Festspielreihe nach Bayreuther Vorbild scheiterten. Die **konservativen Kräfte** konnten sich durchsetzen.

Als das Haus den Anforderungen nicht mehr genügte, kam es 1907 zum Abriss. Nach kurzer Bauzeit konnte schon ein Jahr später ein neues Theater an gleicher Stelle eingeweiht werden. Die Inszenierungen entsprachen ganz dem Geschmack des konservativen Bildungsbürgertums. Es war daher nur folgerichtig, dass der Bühne 1919, nachdem Kaiser Wilhelm II. abgedankt hatte und die Republik ausgerufen worden war, der **Status des Deutschen Nationaltheaters** verliehen wurde. Im gleichen Jahr tagte im Haus die **Nationalversammlung** (s. S. 87), die hier die erste demokratische Verfassung der noch jungen Republik verabschiedete.

Leider sollten diesem geschichtlichen Höhepunkt viele Jahre des **kulturellen Niedergangs** folgen. Eingeleitet wurde dieser mit Parteiversammlungen der Nationalsozialisten, der **Gründung der Hitlerjugend** im Jahr 1926 in Weimar und der Proklamierung eines „judenfreien" Theaters. Trauriger Höhepunkt war die Umnutzung des Gebäudes als **Rüstungsfabrik** im Jahre 1944. Am 9. Februar 1945 wurde das Haus, abgesehen von der neoklassizistischen Fassade, in Schutt und Asche gelegt. Drei

Die Weimarer Nationalversammlung

Als Folge der Novemberrevolution von 1918 und der Abdankung des Kaisers musste die am 19. Januar 1919 gewählte Nationalversammlung über die ***Staatsform*** *und die* ***Verfassung des Deutschen Reiches*** *entscheiden.*

Die konstituierende Sitzung sollte in einem kleinen Ort ***fernab des von revolutionären Erschütterungen geprägten Berlins*** *stattfinden. Mit der Wahl Weimars, der Heimstatt der deutschen Klassik, wollte man auch international ein positives Zeichen setzen – vor allem, weil die Kapitulation Deutschlands und das Ende des Ersten Weltkriegs unmittelbar bevorstanden.*

Da die erste Sitzung schon am 6. Februar stattfinden sollte, musste schnell gehandelt werden. Weimar befand sich von einem Tag auf den anderen im Ausnahmezustand. Das ***Theater*** *wurde in großer Eile zum* ***provisorischen Parlament*** *umgebaut und eine Kurier- und Zivilfluglinie nach Berlin eingerichtet. Für 197 Tage fungierte Weimar nun als* ***Regierungssitz*** *des Deutschen Reiches.*

Nach der Wahl ***Friedrich Eberts*** *zum* ***Reichspräsidenten*** *und* ***Philipp Scheidemanns*** *zum* ***Reichsministerpräsidenten*** *nahm die Regierungskoalition ihre Arbeit auf. Am 31. Juli 1919 konnte die neue, demokratische Verfassung verabschiedet werden.*

Die Zeit von der Ausrufung der Republik am 9. November 1918 bis zur Ernennung Adolf Hitlers zum Reichskanzler am 30. Januar 1933 ging später als ***Weimarer Republik*** *in die Geschichtsbücher ein.*

Jahre später erfolgte die Wiedereröffnung. Mit heute über 600 Veranstaltungen pro Jahr zählt das Nationaltheater Weimar zu den großen Bühnen Deutschlands.

Steht man vor dem Gebäude, so mag es verwundern, dass der **Theaterplatz** so unscheinbar und wenig repräsentativ erscheint. Dies mag daher kommen, dass das Theater einst am Stadtrand, in ländlicher Umgebung, erbaut wurde. Der Platz vor dem Theater erhielt erst nach und nach eine recht wahllose, teils lückenhafte Randbebauung und wirkt daher heute wie ein städtebauliches Zufallsprodukt.

› Bus: alle Linien bis Goetheplatz

› **Deutsches Nationaltheater und Staatskapelle Weimar,** Theaterpl. 2, www.nationaltheater-weimar.de, Tel. 755334

53 Haus der Weimarer Republik ★ [II C4]

In der **alten Wagenremise**, die ab Ende des 18. Jh. als Kulissenhaus für das gegenüberliegende Theater diente, war bis 2019 das Bauhaus-Museum untergebracht. Ende Juli 2019 zieht anlässlich des 100. Gründungsjubiläums der Weimarer Republik ein Forum für Demokratie in das Gebäude ein. Die Dauerausstellung wird im Haupthaus zu sehen sein. Bis 2021 soll ein Anbau folgen, der Wechselausstellungen beheimaten wird.

› Bus: alle Linien bis Goetheplatz

› Theaterpl. 1, www.hdwr.de, Eröffnung Ende Juli 2019

◁ Das Deutsche Nationaltheater 52 zeigt spannende Inszenierungen

54 Wittumspalais ★★ [II C4]

Nachdem **Herzogin Anna Amalia** die Regierungsgeschäfte an ihren Sohn Carl August übertragen hatte, suchte sie einen geeigneten **repräsentativen Wohnraum.** Da ihr das Stadtschloss 68 nach dem großen Brand (1774) nicht mehr zur Verfügung stand, fiel ihre Wahl auf das Wittumspalais. Erbauen ließ es Minister und Freiherr Jakob Friedrich von Fritsch (1731–1814) im Jahr 1767. Er stimmte dem Ansinnen der Regentin a. D. zu und verkaufte ihr das Haus für die durchaus üppige Summe von **20.100 Reichstalern**, was heute mehreren Mio. Euro entspräche. Zum Vergleich: Geheimrat Goethe verdiente 3000 Taler pro Jahr, Schiller als Geschichtsprofessor 200 und ein Beamter rund 100 Taler.

Die Räumlichkeiten geben einen hervorragenden **Einblick in das Leben und die herzogliche Wohnkultur des 18. Jh.** Besonders interessant ist das **Tafelrundenzimmer.** Hier trafen sich Adlige und Bürger, Gelehrte und Künstler Weimars auf Einladung Anna Amalias zum geselligen Beisammensein und um über Fragen der Kultur und Naturwissenschaft zu diskutieren. 33 Jahre lang lebte die künstlerisch begabte Herzogin im Palais. Zu besichtigen sind daher auch ihre Wohn- und Arbeitsräume, in denen sie musizierte, komponierte und malte.

› Bus: alle Linien bis Goetheplatz
› Am Palais 3, www.klassik-stiftung.de (unter „Museen & Orte"), Tel. 545400, geöffnet: Sommer Di–So 10–18, Winter Di–So 10–16 Uhr, Eintritt: 6,50 €, Führung (3 €): So 11 Uhr

55 Schillerstraße ★ [II C4]

Wo heute die Schillerstraße verläuft, befand sich einst der **Zwinger,** ein Freiraum zwischen der äußeren und der inneren Stadtmauer. Hier lagen die Teiche der Färber und Tuchmacher. Nach dem Abtragen der Stadtbefestigung Mitte des 18. Jh. wurde die **Esplanade** angelegt: Hier sollte nun die **feine Gesellschaft** der Stadt flanieren und sich zeigen können. Besonders Herzogin **Anna Amalia** machte von dieser Möglichkeit regen Gebrauch. Im 19. Jh. wurde die Allee mehrfach umgestaltet, sodass aus der Anfangszeit nur noch Schillers Wohnhaus 56 erhalten ist.

Die seit 1853 den Namen Schillerstraße tragende Promenade ist heute eine **Fußgängerzone**, die durch die

dichten Baumkronen gerade im Sommer etwas düster wirkt. Wochentags herrscht hier reges Treiben, wobei die interessantesten Läden der Stadt, wie z. B. der GinkgoShop (s. S. 121), eher in den kleinen Nebenstraßen zu finden sind.

Direkt gegenüber von Schillers Wohnhaus steht der **Gänsemännchenbrunnen**, einer von rund 30 Laufbrunnen der Stadt. Im Grunde hat das Gänsemännchen nichts mit Weimar zu tun, sondern mit **Nürnberg**, wo einst ein Bauer seine Gänse zum Markt brachte, um sie dort zu verkaufen. Den Gänsen „schwante" jedoch nichts Gutes und sie begannen lauthals zu schnattern. Der Bauer erbarmte sich und nahm die Tiere kurzerhand wieder mit nach Hause. In Erinnerung an diese Legende schuf man in Nürnberg einen Brunnen, den Goethe bei einer Reise entdeckte. Beeindruckt ließ sich dieser einen Abdruck des sogenannten „Entenmanns" zukommen. Eine weitere Kopie erhielt 1846 **Großherzogin Maria Pawlowna.** Entsprechend ihres testamentarischen Wunsches wurde schließlich 1863/1864 der gesamte Brunnen in Weimar nachgebaut.

› Bus: alle Linien bis Goetheplatz

56 Schillers Wohnhaus und Schiller-Museum ★★★ [II C4]

Das Schillerhaus gibt einen einmaligen Einblick in das Leben des berühmten Dichters und die Welt des späten 18. bis frühen 19. Jh.

1787 reiste **Friedrich Schiller** (1759–1805) das erste Mal nach Weimar. Hier traf der ausgebildete Medikus und passionierte Dichter zum ersten Mal auf Herder und Wieland. **Goethe** hingegen befand sich gerade auf seiner Italienreise. Doch obgleich dieser nicht anwesend war, waren sein Geist und sein Einfluss überall in der Stadt spürbar. Diese extreme Dominanz fand Schiller befremdlich. Auch ein **erstes Zusammentreffen** mit Goethe am 7. September in Rudolstadt verlief **wenig harmonisch** – Goethe wirkte auf ihn arrogant und unnahbar. Die Distanz schwand erst, als Schiller Goethe im Juni 1794 bat, an der **Kulturzeitschrift „Die Horen"** mitzuwirken. Als dieser einwilligte, begann sich eine **Freundschaft** zu entwickeln, die zwar von unterschiedlichen Ansichten geprägt war, deren positive Grundspannung allerdings auf beide inspirierend wirkte. Schiller beschrieb dies so: „Ein jeder konnte dem anderen etwas geben, was ihm fehlte, und etwas dafür empfangen." Allein Goethes eher lockeren Lebenswandel konnte der „Familienmensch" Schiller nicht akzeptieren, wohingegen Schillers Leidenschaft für Tabak

‹ Das Wittumspalais markiert den Beginn der Schillerstraße

047ew Abb.: ms

› Flanieren unterm „grünen Dach": die pittoreske Schillerstraße

und Kartenspiele regelmäßig Goethe erzürnte.

In den Folgejahren wandte sich Schiller verstärkt der Dichtung zu und siedelte 1799 mit seiner Familie nach Weimar über, wo er **Mitarbeiter am Theater** wurde. Wohnhaft war er zunächst in der Windischenstraße [II C/D4]. Da er jedoch in der Mietwohnung nicht die nötige Ruhe zum Arbeiten fand, nährte sich der **Wunsch nach eigenem Grund und Boden.** Nachdem er 1802 von Herzog Carl August geadelt wurde und somit ein höheres Gehalt bezog, erwarb er für 4200 Reichstaler dieses Haus an der ehemaligen Esplanade (der heutigen Schillerstr. 55). Hier traf er sich nun fast täglich mit Goethe zum Gedankenaustausch und gemeinsamen Arbeiten. Als Schiller im Februar 1805 schwer an Tuberkulose erkrankte und kurze Zeit später, am 9. Mai, starb, versank Goethe in tiefe Trauer. In einem Brief an den Komponisten Zelter schrieb er, er verliere nicht nur einen Freund, sondern „die Hälfte meines Daseins".

Schillers Wohnhaus wird seit 1847 als **Gedenkstätte** genutzt. 1988 wurde ein Museum hinzugefügt. Hier werden dem Leben und Werk Schillers gewidmete Sonderausstellungen gezeigt. Über den **Museumsanbau** gelangt man in das eigentliche Wohnhaus. Das Erdgeschoss umfasst Hausflur, Küche und Dienerzimmer, die erste Etage das Wohnzimmer, die Räume von Schillers Frau Charlotte und das Schlafzimmer der Töchter. Besonders interessant sind die **drei Mansardenzimmer:** Sie präsentieren sich heute noch genauso **wie zu Lebzeiten des Dichters.** Da Schiller meist nachts arbeitete und tagsüber ruhte, zog er sich gern in diese Räume zurück, um ungestört zu sein. Am Schreibtisch vollendete er im Kerzenschein u.a. „Wilhelm Tell". Ebenfalls zu besichtigen sind die Wohn-, Empfangs- und Gesellschaftszimmer.

Die vielen **originalen Einrichtungsgegenstände** wurden nach dem Verkauf des Hauses durch Schillers Kinder zunächst veräußert, konnten aber zum großen Teil im Laufe der Jahre zurückerworben werden.

› Bus: alle Linien bis Goetheplatz

› Schillerstr. 12, www.klassik-stiftung.de (unter „Museen & Orte"), Tel. 545400, geöffnet: Ende März–Ende Okt. Di–So 9.30–18, Ende Okt.–Ende März Di–So 9.30–16 Uhr, Eintritt: 8 €. Führungen Mi, Fr/Sa 13 Uhr, Kinderführung Sa 14 Uhr, Führungsgebühr 3 €, erm. 1 €

57 Markt ★★★ [II D4]

Der um 1300 erstmals angelegte, 60 mal 60 m große Markt zeugt vom steten Wandel Weimars, ist mal beschaulich-ruhig, mal lebendig – je nach Tageszeit. Er war Wohnort geistiger Größen wie Cranach, Goethe, Schiller und Carl Zeiss, musste aber auch Hitlers Größenwahn über sich ergehen lassen. Er wurde durch Feuer und Bomben zerstört, jedoch immer wieder neu aufgebaut. Er ist – wie Weimar selbst – nicht prunkvoll, hat aber Charakter.

Das auffälligste Gebäude am Platz ist das **neogotische Rathaus,** von dessen Turm das aus 35 Glocken bestehende Glockenspiel von 1987 erklingt. Der dritte Bau an dieser Stelle stammt aus dem Jahre 1841.

Schräg gegenüber liegt der **Neptunbrunnen.** Der älteste Brunnen der Stadt wurde 1545 erbaut. Früher zierte ihn ein Löwe, das Weimarer Wappentier. 1774 wurde er durch eine Neptunfigur ersetzt, die in der Renaissance ein beliebtes Motiv war.

Die Häuser hinter dem Brunnen, an der **Nordseite** des Marktes, wurden erst zwischen 1988 und 1991 errichtet. Der Wiederaufbau der im Krieg zerstörten Gebäude wurde so originalgetreu wie möglich ausgeführt. In die Fassade der **alten Hofapotheke** integrierte man sogar den noch erhalten gebliebenen Renaissance-Erker und das Originalportal. Um zahlungskräftige Gäste aus dem „Westen" zufrieden zu stellen, lief bis 1989 in Weimar städtebaulich einiges anders, wovon auch das **Stadthaus (Nr. 10)** zeugt. Im 16. Jh. erbaut, wurde das Handelshaus bei einem Luftangriff so schwer getroffen, dass es abgerissen werden musste. Doch statt einen seelenlosen Betonklotz zu errichten, entschied man sich 1968 für die fast originalgetreue Rekonstruktion der alten Fassade.

Das 1547–1549 erbaute **Doppelhaus (Nr. 11/12)** zählt zu den schönsten Renaissancebauten Thüringens: links das **Cranachhaus,** das Lucas Cranach d. Ä. ein Jahr vor seinem Tod bezog, und rechts das **Pestelhaus.** Entworfen wurden beide Gebäude von Nikolaus Gromann (1500–1566), einem der bedeutendsten Baumeister seiner Zeit. Ab 1732 war es Sitz der ältesten Buchhandlung der Stadt, zu deren Kunden Goethe, Schiller, Herder und Anna Amalia zählten. Schräg gegenüber steht mit dem **Hotel Elephant** (s. S. 131) eines der bekanntesten Gebäude Weimars. Gegründet wurde der Gasthof 1696 als Unterkunft und Lager für durchreisende Kaufleute. Später übernachteten hier viele **berühmte Besucher** der Stadt wie Friedrich Schiller, Max Klinger, Felix Mendelssohn Bartholdy und Richard Wagner. Das heutige Hotel ist ein von dem nationalsozialistischen Architekten Hermann Giesler entworfener **Neubau aus dem Jahr 1938.** Erzwungen hatte diesen **Hitler,** dem das alte Gebäude zu wenig repräsentativ erschien. An jener Stelle, wo den Vorgängerbau ein Elefant zierte, ließ Hitler einen **Balkon** anbauen, von dem aus er sich vom Volk huldigen ließ.

Typisch Weimar: Zwiebelzöpfe und mehr auf dem Markt

048ew Abb.: ms

Der Balkon existiert noch immer. Seit 1999, als Weimar Kulturhauptstadt Europas war, steht dort jedes Jahr die Figur einer mit Weimar verbundenen Persönlichkeit, deren Ideenwelt der von Hitler möglichst fern ist.

Nach dem Krieg entwickelte sich das Hotel wieder zu dem, was es eigentlich war: ein **Haus für Künstler und Freidenker.** Erster Gast nach der Wiedereröffnung im Jahr 1955 war **Thomas Mann** (1875–1955). Der Schriftsteller, Literaturnobelpreisträger und entschiedene Nazi-Gegner ließ Teile seines weltbekannten Goethe-Romans **„Lotte in Weimar"** hier spielen.

Heute sind die sieben Suiten des Hotels bekannten Persönlichkeiten gewidmet, natürlich auch Thomas Mann. Dessen Suite ist, durchaus symbolträchtig, das ehemalige Hitler-Zimmer hinter dem Balkon.

Direkt **neben dem Hotel** klafft eine **Lücke.** Hier standen das Wohnhaus Johann Sebastian Bachs, der in Weimar neun Jahre als Hoforganist arbeitete, und der bekannte Gasthof Zum Erbprinzen. Die Zeiten überdauert hat hingegen das Renaissancegebäude **Zum Schwarzen Bären** (Nr. 20). Es beherbergt seit 1540 das **älteste Gasthaus Weimars.**

› Bus: 1, 5, 6, 8 bis Wielandplatz

› **Rathaus,** Markt 1, Glockenspiel März–Dez. tgl. 10, 12, 15 und 17 Uhr

58 Frauenplan ★★ [II D4]

Der **lebendige Altstadtplatz** lag einst vor den Toren der Stadt. Nach dem Schleifen der Stadtmauer wurde der „Plan" (altdeutsch für „Platz") gepflastert und im **klassizistischen Stil** umgestaltet. 1821 legte man einen Brunnen an. Dieser trägt die Initialen des Großherzogs Carl August (CA), wird jedoch **Goethebrunnen** genannt, da er genau gegenüber von **Goethes Wohnhaus** 59 liegt und einst den Geheimrat höchstpersönlich mit seinem Wasser erquickte.

Das **älteste Gebäude am Platz** ist **Gasthaus Zum Weißen Schwan** (Nr. 23) aus dem 16. Jh. Neben Schiller, Liszt und Böcklin war hier selbstverständlich auch Goethe oft zu Gast. Über sein Lieblingsrestaurant wusste er augenzwinkernd zu berichten: „Der weiße Schwan begrüßt dich jederzeit mit offenen Flügeln."

Direkt an das Goethehaus schließen sich die barocken **Vulpiushäuser** an (Nr. 3 und 4). Bevor hier die Witwe von Goethes Schwager Christian August Vulpius einzog, waren sie die Arbeitsstätte eines Leinewebers. Das Rattern seiner Webstühle brachte Goethe zeitweise schier zur Verzweiflung. Er zog sich dann gerne in sein Gartenhaus 65 zurück. Direkt gegenüber den Vulpiushäusern, in der Nummer 8, wohnte der Maler **Max Liebermann** (1847–1935), als er in Weimar studierte.

Der **Frauenplan** ist ideal für eine kleine Pause. Unter der **weinumrankten Pergola** laden Bänke zum Verweilen ein und Kinder können auf der 1992 von Walter Sachs geschaffenen Plastik „Versunkener Riese" herumturnen. Zudem gibt es einige **Biergärten und Restaurants** wie den Erbenhof (s. S. 122).

Vom Frauenplan aus lohnen sich zwei Abstecher. Zum einen gelangt man über den angrenzenden **Wielandplatz** [II C/D5] mit dem Bronzemonument Wielands aus dem Jahre 1857 und dem Wielandbrunnen zum Historischen Friedhof 88 – hier befinden sich die Gräber Goethes und Schillers. Zum anderen lohnt ein Besuch der **Brauhausgasse** [II C4]. Hier befinden sich das **Eckermann-Haus**

050ew Abb.: ms

(Nr. 13), in dem Goethes Sekretär Johann Peter Eckermann wohnte, und die dreiflügelige Hofanlage des ehemaligen **Bernstorffschen Palais** (Nr. 10). Der recht schlichte Barockbau aus dem 18. Jh. beherbergt heute ein Hotel mit Restaurant.

› Bus: 1, 5, 6, 8 bis Wielandplatz

59 Goethes Wohnhaus und Goethe-Nationalmuseum ★★★ [II D5]

Das Goethehaus ist zweifellos eine der bedeutendsten Sehenswürdigkeiten Thüringens. An keinem anderen Ort ist die Gedanken- und Ideenwelt Johann Wolfgang von Goethes (1749–1832) spürbarer und nachvollziehbarer als hier.

In dem 1709 errichteten Haus lebte und arbeitete **Goethe** fast 50 Jahre lang. 1885 wurde es der Öffentlichkeit zugänglich gemacht. Der Besucher betritt das Anwesen über den **kleinen, idyllischen Innenhof** zwischen Vorder- und Hinterhaus. Im kleinen Vorführraum wird ein informativer Film über die Geschichte des Hauses gezeigt. In der **Remise** kann man Goethes Reisekutsche besichtigen. Der kleine **Brunnen** diente der Wasserversorgung des gesamten Gebäudes.

Über eine lange Treppe steigt man in die erste Etage empor. Die Treppe ließ Goethe bewusst mit flachen Stufen anlegen, da sie sich so leichter und gemächlicher erklimmen ließ. Den Besucher begrüßt im **Obergeschoss** der in den Boden eingelassene **Gruß „Salve"**. Über das Brückenzimmer gelangt man zunächst in den hinteren Bereich des Hauses mit Großer Stube und dem Wohnzimmer von Goethes Geliebten und späteren Ehefrau **Christiane**, geb. Vulpius. Ein Durchgang führt zurück ins Vorderhaus. Die sich anschließenden Räume sind geschmackvoll mit Gegenständen aus Goethes Sammlungen eingerichtet. Die **ästhetisch beeindruckende Raumflucht** zeigt, dass die Zimmer farblich aufeinander ab-

Die Reisekutsche des Dichters

049ew Abb.: ms

KURZ & KNAPP

Die Weimarer Klassik

Der im Laufe des 19. Jh. geprägte Begriff ist zum **Synonym für eine Zeit** geworden, in der das **Viergestirn Goethe, Schiller, Herder und Wieland** die Kultur des Herzogtums Weimar und die deutsche Literatur insgesamt nachhaltig prägte. Als Kernzeit kann die Zusammenarbeit von Goethe und Schiller zwischen 1794 bis 1805 gelten. Inspiration für ihre Werke fanden die Dichter in der Zeit der klassischen Antike (5./4. Jh. v. Chr.).

gestimmt sind. Die Palette reicht dabei, analog zu **Goethes Farbenlehre**, von Grün über Gelb und Rot bis hin zu Blau, das dem **Junozimmer** vorbehalten ist. Hier empfing Goethe Besucher; man unterhielt sich, diskutierte und musizierte.

Über eine Wendeltreppe gelangt man wieder in das **Hinterhaus**, wo die im Originalzustand erhaltenen **Arbeitsräume** Goethes liegen, die nur wenige Gegenstände schmücken. Nichts sollte die Konzentration stören. Wie umtriebig, wissbegierig, interessiert und engagiert Goethe war, lässt sich beim Blick in die 7500 Bände umfassende **Privatbibliothek** erahnen. Die Bücher sind unterschiedlichsten Themen gewidmet, was nicht verwundert, sah Goethe sich doch nicht nur als Dichter, sondern auch als Wissenschaftler, Forscher, Stadtplaner und Politiker. Neben der Bibliothek liegen das Arbeitszimmer, in dem Werke wie „Faust" und „Wahlverwandtschaften" entstanden, und das **Schlafzimmer.** Hier starb Goethe in den Mittagsstunden des 22. März 1832 im Sessel sitzend.

Über eine Treppe gelangt man in den **schönen Garten** des Hauses. Diesen nutzte hauptsächlich Christiane, die vor allem Obst und Gemüse zur Selbstversorgung anbaute.

Angeschlossen an das Wohnhaus ist das **Goethe-Nationalmuseum**, untergebracht in einem 1913 errichteten Anbau. Zu sehen ist eine umfassende Ausstellung über Goethe und die Weimarer Klassik (s. oben) mit dem Titel „Lebensfluten – Tatensturm". Nur **nach Voranmeldung** einsehbar sind die umfassenden **Grafischen Sammlungen**, die mit 230.000 Werken zu den wichtigsten ihrer Art in Deutschland zählen.

› Bus: 1, 5, 6, 8 bis Wielandplatz
› Frauenplan 1, www.klassik-stiftung.de (unter „Museen & Orte"), Tel. 545400,

Die Raumflucht in Goethes Wohnhaus 59 beeindruckt den Besucher

geöffnet: Ende März–Ende Okt. Di–So 9.30–18, Ende Okt.–Ende März Di–So 9.30–16, Eintritt: 12,50 €, Führungen: 3 €. Es gibt Audioguides sowie Infomappen und im EG des Goethehauses einen Leseraum mit Büchern für Erwachsene und Kinder. Eine **Sanierung des Wohnhauses ist für 2021 geplant.**

› **Grafische Sammlungen:** geöffnet: Di–Fr nach Voranmeldung unter Tel. 545344

60 Seifengasse ★ [II D5]

Am Goethe-Nationalmuseum 59 zweigt die Seifengasse ab. Sie erhielt ihren Namen von der **Zunft der Seifensieder,** die hier vor der Stadtmauer ihrer damals nicht gerade wohlriechenden Arbeit nachgingen und aus Fetten, Ölen und Soda Seife herstellten. Das kleine, hübsche Gässchen wird heute von **farbenfrohen Häusern** flankiert. In das Ensemble fügt sich der Neubau eines Holzhotels (Familienhotel Weimar, s. S. 132) harmonisch ein. In der Nähe befindet sich die Anlage des **Oppelschen Gartens** [II D4], der samt barockem Pavillon um 1730 angelegt wurde. Benannt ist er nach seinem einstigen Besitzer, Geheimrat Johann Siegmund von Oppel. Heute beherbergt er das Gartenrestaurant **Giardino** (s. S. 123).

Eines der ältesten Gebäude der Stadt ist das Haus in der Nr. 16, in dem die traditionsreiche **Weimarer Mal- und Zeichenschule e. V.** untergebracht ist, die einst von Herzog Carl August gegründet wurde. In der Mansarde besaß Goethe eine Zweitwohnung, als Alternative zu seinem Gartenhaus 65.

› Bus: 1, 5, 6, 8 bis Wielandplatz

61 Haus der Frau von Stein ★ [II D5]

Am Ende der Seifengasse 60 steht das um 1770 erbaute, sogenannte Haus der Frau von Stein, das derzeit **nicht zu besichtigen** ist. **Charlotte von Stein** (1742–1827), eine Hofdame Herzogin Anna Amalias, wurde durch ihre **Beziehung zu Goethe** bekannt. Sie verehrte ihn aufrichtig und lernte ihn 1775 persönlich kennen. Goethe war von der sieben Jahre älteren, mit dem Stallmeister Josias von Stein verheirateten Charlotte fasziniert. Innerhalb von elf Jahren, bis zu seiner überstürzten Abreise nach Italien, schrieb er ihr rund 2000 Briefe und „Zettelgen“. Sie war **Vorbild für Iphigenie** und zählte zu seinen häufigsten Gästen. Es entwickelte sich eine Art Seelenverwandtschaft, die das Leben beider gleichermaßen befruchtete, später aber auch belastete. Wie tief ihre Beziehung wirklich ging, blieb bis heute im Dunkeln, ist jedoch immer wieder Anlass für Spekulationen.

› Bus: 1, 5, 6, 8 bis Wielandplatz

› Eingang: Ackerwand 25–27

62 Platz der Demokratie ★★ [II D4]

Im 16. Jh., in der Zeit der Renaissance, lustwandelten hier durch einen schönen Garten die Adligen und Wohlhabenden Weimars. Ein Umbau des Areals erfolgte in der zweiten Hälfte des 18. Jh. Das 1875 ein-

KLEINE PAUSE

Zwei Dichterstühle

Hinter dem Haus der Frau von Stein 61 liegt der **Beethovenplatz** [II D5] mit dem **Hafis-Goethe-Denkmal.** Der persische Lyriker Hafis (1326–1390) inspirierte Goethe einst zu seinem Gedichtzyklus „West-östlicher Divan“. Das im Jahr 2000 dem Dialog der Kulturen gewidmete Denkmal hält für jeden Dichter symbolisch einen Stuhl bereit – so könnten sie jederzeit einander gegenüber Platz nehmen.

KURZ & KNAPP

Der Ginkgo

Dass der Ginkgo zu einem **Symbol Weimars** wurde, ist **Goethe** zu verdanken. Der aus China stammende Baum, von dem es männliche und weibliche Pflanzen gibt, faszinierte den Dichter. In seinen zweigeteilten Blättern sah er ein Zeichen für die Zuneigung zwischen Mann und Frau. Dass sich der Ginkgo im Oktober wunderschön verfärbt, kann in Weimar auch zu anderen Jahreszeiten erlebt werden, sind doch **Goethes** 59 und **Schillers Wohnhaus** 56 in den Herbstfarben des Ginkgoblattes gestrichen. Einen Besuch wert sind das **Ginkgo Museum** (s. S. 126) und der **GinkgoShop** (s. S. 121) am Markt 57.

geweihte **Reiterstandbild** in der Mitte des Platzes zeigt **Großherzog Carl August** (s. S. 78).

Hinter dem Denkmal ist das **Fürstenhaus** zu sehen. Es beherbergt heute die bekannte **Hochschule für Musik Franz Liszt** (Nr. 2/3), zu deren berühmtesten Schülern **Marlene Dietrich** zählte. Erbaut wurde das Haus zwischen 1770 und 1776 als fürstliches Verwaltungs- und Ständehaus, diente jedoch nach dem Großbrand im Stadtschloss 68 zunächst 28 Jahre lang Herzog Carl August als Residenz. Flankiert wird es von der Herzogin Anna Amalia Bibliothek 63 und dem um 1785 erbauten **Rößler'schen Haus.**

Hinter dem Fürstenhaus, gegenüber dem Bibliotheksturm, steht ein 30 m hoher **Ginkgobaum** (s. S. 96), der um 1813, also noch zu Lebzeiten Goethes, gepflanzt worden war.

Gegenüber dem Reiterstandbild erinnert das 1950 eingeweihte **Bach-Denkmal** an den Aufenthalt des Musikers in Weimar. Im dahinter liegenden Gebäude, dem **Roten Schloss** [II D4] in der Kollegiengasse, hatte Bach als Violinist seine erste Wirkungsstätte. Erbaut wurde das Rote Schloss, das sich heute eher grau gibt, als Witwensitz für Herzogin Dorothea Susanne (1544–1592). Auftraggeber war ihr Mann, Herzog Johann Wilhelm von Sachsen, dessen Kopf im Dreiecksgiebel des Hauptportals der Richtung Markt 57 gelegenen Westseite zu sehen ist. Das Renaissancegebäude ist heute Teil des neuen Studienzentrums der Herzogin Anna Amalia Bibliothek.

In Richtung des Parks an der Ilm 64 wird das Rote Schloss von einer Wand begrenzt. Diese wurde von Clemens Coudrey (1775–1845), dem Oberbaudirektor des Großherzogtums, entworfen und sollte die verschiedenen, uneinheitlich gestalteten Gebäudeteile zu einer Einheit verbinden. Vor der Mauer sprudelt der **Ildefonsobrunnen.** Das 1793 geschaffene Knabenpaar ist eine Kopie des antiken Originals. Auftraggeber war **Goethe.** Wen genau die beiden Jünglinge darstellen, ist unklar; für Goethe jedenfalls waren es **Castor und Pollux,** die sinnbildlich für Sterblichkeit und Unsterblichkeit stehen.

› Bus: 1, 5, 6, 8 bis Wielandplatz

63 Herzogin Anna Amalia Bibliothek ★★★ [II E4]

An wohl kaum einem anderen Ort wird deutsche Literatur so greifbar wie hier. Im ovalen, zweigeschossigen Rokokosaal traf sich das Viergestirn der Weimarer Klassik – Goethe, Schiller, Wieland und Herder – zum Gedankenaustausch. Hier, zwischen Gemälden, Büsten und über 40.000 historisch bedeutsamen Büchern, kann man den Geist der Geschichte förmlich atmen.

Leider ist nicht mehr alles so erhalten wie zur Glanzzeit der Bibliothek Mitte des 19. Jh., denn in der Nacht vom 2. auf den 3. September 2004 kam es zur **größten anzunehmenden Katastrophe:** Vermutlich ausgelöst durch einen technischen Defekt, brach im Dachstuhl des Hauses ein **Feuer** aus. Neben den Schäden am Gebäude, die auch den **Rokokosaal** betrafen, musste ein **Totalverlust von 50.000 Bänden** verzeichnet werden. Zum Glück konnte über 60 % des Bestandes gerettet werden. 2007 wurde die originalgetreue Rekonstruktion der Bibliothek abgeschlossen.

Das vermutlich wegen seiner ursprünglichen Fassadenfarbe lange Zeit **Grünes Schloss** genannte Haus wurde 1565 als **Wohngebäude für Herzog Johann Wilhelm** (1530–1573) fertiggestellt. Nachdem die 1692 von dem Herzog gegründete Herzogliche Bibliothek auf über 11.000 Bände angewachsen war, zog diese auf Veranlassung von Herzogin Anna Amalias Mitte des 18. Jh. in das Grüne Schloss um. Die **Leitung** der seit jeher öffentlich zugänglichen Sammlung übernahm **Goethe höchstpersönlich.** Er veranlasste zudem einen Erweiterungsbau in Richtung des spätmittelalterlichen Turms der einstigen Stadtbefestigung, der zum Büchermagazin umgestaltet wurde. Trotz dieser Maßnahme platzte die Bibliothek bald aus allen Nähten. Nur ein Bruchteil des sich rasant vergrößernden Bestandes konnte untergebracht werden, der größte Teil lagerte bis 2005 in Depots, die über die ganze Stadt verteilt waren.

Seit dem Umbau werden rund 1 Mio. Bände im **Magazin** unter dem Platz der Demokratie 62 und im **Bücherkubus des Studienzentrums** gelagert, zu dem auch das Rote Schloss gehört. Der erneute Ankauf der beim Brand verloren gegangen Werke sowie die **Restaurierung** der 62.000 durch Feuer und Löschwasser beschädigten Bände läuft noch immer.

› Bus: 1 bis Bauhaus-Universität

Herzogin Anna Amalia Bibliothek 63 mit dem spätmittelalterlichen Turm

- Platz der Demokratie 1, www.klassik-stiftung.de (unter „Museen & Orte"), Tel. 545400, geöffnet: Di–So 9.30–14.30 Uhr, Eintritt: 8 € (inkl. Audioguide). Limit von 290 Besuchern pro Tag. Es gibt ein kleines Kartenkontingent an der Kasse, sonst Tickets unbedingt einige Wochen vorher vorbestellen.
- **Renaissancesaal (Wechselausstellungen):** geöffnet: Di–So 9.30–17 Uhr, Eintritt: frei
- **Infos über den Stand der Restaurierung:** www.anna-amalia-bibliothek.de

64 Park an der Ilm ★★★ [II E5]

Der lang gestreckte, im englischen Stil gestaltete Landschaftspark ist die grüne Lunge der Stadt. Hier flaniert man, hier lässt man sich nieder. Heute wie schon vor 300 Jahren zieht es Erholung suchende Weimarer an das kleine Flüsschen Ilm.

Ab 1778 wurde der Park unter der Leitung von **Herzog Carl August** und Johann Wolfgang von **Goethe** schrittweise angelegt. Mit seinem nahezu unverändert erhalten gebliebenen, teils exotischen Baumbestand, den Sichtachsen, Grotten, künstlichen Ruinen und Brücken zählt er zu den am besten erhaltenen Parkanlagen aus der Zeit der Romantik und ist heute **Teil des UNESCO-Weltkulturerbes „Klassisches Weimar".** Für einen kleinen Rundgang empfiehlt sich der nördliche Teil des Parks.

Den **besten Blick** über den Park, bis hin zu **Goethes Gartenhaus** 65, hat man von der Freifläche neben der Rundbank aus dem Jahre 1799, oberhalb des Turmes der Herzogin Anna Amalia Bibliothek 63. Ab hier gelangt man zur 1784 angelegten **künstlichen Ruine**, die die Vergänglichkeit von Menschen geschaffener Bauwerke symbolisieren soll. Rechter Hand erblickt man die Überreste der 1945 zerstörten Sommerresidenz des **Tempelherrenhauses** aus dem Jahre 1823. In der Nähe der Ruine befindet sich das 1904 geweihte **Shakespeare-Denkmal,** das einzige in Deutschland. Rechts vom Denkmal führt ein Weg zum **Schlangenstein** – das Original von 1787 ist im Goethe-Nationalmuseum 59 zu sehen. Die Inschrift lautet: „Genio huius loci" – „Dem Geist dieses Ortes".

Hält man sich am Denkmal links, gelangt man zum **Borkenhäuschen** (**„Einsiedelei"**), das im Auftrag Goethes erbaut wurde. Es diente am 9. Juli 1778 als Kulisse für eine humoristische Inszenierung anlässlich des für Herzogin Luise (1757–1830) veranstalteten Luisenfestes.

Hinter dem Häuschen führt der Weg zum **Felsentor.** Es erinnert an das **Hoffräulein Christel von Laßberg.** Die 17-jährige hatte, Goethes Briefroman „Die Leiden des jungen Werther" angeblich noch in den Händen haltend, aus Liebeskummer Selbstmord begangen. Der geschockte Dichter ließ 1778 in Gedenken an das Mädchen nahe der Todesstelle einen ehemaligen Steinbruch umgestalten und eine **„Nadelöhr"** genannte Treppe herausbrechen.

Unterhalb des Denkmals liegt die **Naturbrücke:** Hier traf Goethe 1788 zum ersten Mal seine spätere Frau **Christiane Vulpius,** die ihm eine Bittschrift ihres Bruders überreichte. Von der Brücke aus gelangt man zu Goethes Gartenhaus.

Nördlich liegt die **Sphinxgrotte,** eine 1786 geschaffene Einfassung für die Karstquelle des nur wenige Meter langen Baches **Läutra** (altdeutsch für „waschen"). Das glasklare Wasser entspringt an einer tektonischen Störung und besitzt eine konstante Temperatur von 8,5 °C.

Unweit nördlich führt die Mitte des 17. Jh. erbaute **Sternbrücke** über die Ilm. Sie verbindet das Stadtschloss 68 mit dem ehemaligen fürstlichen **Jagdgebiet Webicht.**

Wer an Geologie und Geschichte interessiert ist, für den lohnt sich ein Abstecher zur 12 m tiefen **Großen Parkhöhle** [II D6] (ab Beethovenplatz Richtung Süden). Sie ist Teil eines weit verzweigten Stollensystems im Travertin (Kalkstein). Einige der Gänge sind natürlichen Ursprungs, die meisten wurden jedoch zwischen 1794 und 1797 zur Ableitung von Brauchwasser für eine geplante Brauerei angelegt. 1945 diente die Höhle als **Bunker.** Bei einem Rundgang sind an den Decken **Versteinerungen fossiler Pflanzen und Tiere** zu entdecken. Fotos und zeitgeschichtliche Dokumente erläutern die Geschichte der Höhle und des Travertins, der als Baumaterial an vielen Gebäuden Weimars und als Pflasterstein Verwendung fand.

› Bus: 1, 5, 6, 8 bis Wielandplatz
› www.klassik-stiftung.de (unter „Museen & Orte"), **Park:** ganzjährig frei zugänglich, Führungen Apr.–Mitte Okt.: 3 €, **Parkhöhle:** Marienstr. 17 (Eingang zwischen Mensa und Liszt-Haus 90), Ende März–Ende Okt. Mi–Mo 10–18, Ende Okt.–Ende März nur bis 16 Uhr, Eintritt: 4 €

65 Goethes Gartenhaus ★★★ [II F5]

Als Goethe nach Weimar kam, soll er auf einem Spaziergang das halb verfallene, von einem verwunschenen Garten umgebene Häuschen entdeckt haben. Er war von dem idyllischen Grundstück so begeistert, dass er es auf einer Auktion im Jahre 1776 für 600 Taler ersteigerte. Das Geld wurde ihm von Herzog Carl August erstattet, der hoffte, Goethe so an Weimar binden zu können. In

052ew Abb.: ms

Besitz von Grund und Boden konnte Goethe nun das Bürgerrecht erhalten und als Geheimrat Regierungsgeschäfte übernehmen.

Goethe wohnte zwischen 1776 und 1782 in dem Haus. Auch als er längst an den Frauenplan (Goethes Wohnhaus 59) umgezogen war, kam er oft hierher, um Ruhe und einen gewissen **Abstand zum höfischen Leben** zu finden. Dass das kleine Anwesen auch inspirierend auf ihn wirkte, zeigen die vielen **Zeichnungen** und vor allem **Gedichte**, die hier entstanden. Einige seiner schönsten und bekanntesten, wie „Rastlose Liebe" und „An den Mond", gehören dazu. Auch Teile von „Iphigenie auf Tauris" und der Wilhelm-Meister-Trilogie entstanden in seinem Arbeitszimmer am **Stehpult.** Das Pult wie auch der einem Pferdesattel ähnelnde Sitzbock sind noch heute zu besichtigen. Auch die restliche, dezent gehaltene Ausstat-

Idyllisch gelegen: Goethes Gartenhaus im Park an der Ilm 64

tung des Hauses entspricht nach Restaurierungsarbeiten wieder genau der zu Lebzeiten Goethes.

Umgeben ist das Gebäude von einem **wundervollen Garten**, der jenem nachempfunden ist, den der Dichter nach seinem Einzug hier anlegen ließ. Mit viel Hingabe pflanzte er Wein, Obst- und Nadelbäume, legte Blumenrabatten und Gemüsebeete an. Am östlichen Hang ließ er eine **Steintafel** mit folgenden Worten anbringen: „Hier gedachte still ein Liebender seiner Liebenden ..." Es war der Lieblingsplatz von **Charlotte von Stein.** Ihr Haus 61 konnte er vom oberen Stockwerk stets erblicken. Etwas oberhalb des Gartenhauses steht das **Pogwischhaus,** benannt nach der Schwiegertochter Goethes, Ottilie von Pogwisch.

- Bus: 1, 5, 6, 8 bis Wielandplatz
- Im Park an der Ilm, www.klassik-stiftung.de (unter „Museen & Orte"), geöffnet: Ende März–Ende Okt. Di–So 10–18, Ende Okt.–Ende März Di–So 10–16 Uhr, Eintritt: 6,50 €, erm. 5 €

EXTRATIPP

Sonntagskuchen im Grünen

Geht man am Haus Am Horn 66 geradeaus in den Park an der Ilm 64, gelangt man zur **Villa Haar.** Das herrschaftliche Anwesen ließ Rechtsanwalt Werner Voigt 1886 im Stil der Villa d'Este im italienischen Tivoli errichten. Jeden Sonntagnachmittag begrüßt das zur Villa gehörige **Café d'Este** seine Gäste zu Kaffee, Tee und Gebäck. Auf der Sonnenterrasse bzw. im Wintergarten werden schmackhafte, selbst gebackene Kuchen kredenzt.

119 [II F6] **Villa Haar,** Dichterweg 2, www.villahaar.de, Tel. 779880, im Sommer geöffnet: So 13–18 Uhr, häufig Veranstaltungen und Ausstellungen

66 Haus Am Horn ★ [II F6]

Oberhalb des Parks an der Ilm 64 verläuft die Straße Am Horn. In dem **mondänen Villenviertel** lebten einst Unternehmer und Künstler, u. a. der Maler **Paul Klee** (1879–1940) im Haus Nr. 53. Auffällig ist ein bungalowähnliches Gebäude, das sogenannte **Haus Am Horn.** Es wurde 1923 als **Musterhaus** unter Leitung des Bauhausmitarbeiters **Georg Muche** konzipiert und sollte Teil einer vom Land eingeforderten Bauhaus-Ausstellung sein. Ziel war es, moderne Bautechniken umzusetzen und Wohnraumprobleme durch neuartige Konzepte zu lösen. Zu sehen ist heute die **Originaleinrichtung** des Hauses.

- Bus: 1, 5, 6, 8 bis Wielandplatz
- Am Horn 61, www.hausamhorn.de, Tel. 583000, geöffnet: Winter Mi–Mo 10–16, Sommer Mi–Mo 10-18 Uhr, Eintritt 4,50 €, erm. 3,50 €

67 Römisches Haus ★ [II E7]

Als Goethe 1788 von seiner **Italienreise** zurückkehrte, war er von der antiken Architektur so angetan, dass er anregte, der neuen **Sommerresidenz Herzog Carl Augusts** (s. S. 78) die Gestalt eines Tempels zu geben. Carl August ließ dem Geheimrat mit den Worten „ (...) tue, als wenn du für dich bautest" freie Hand. Goethes Ideen wurden zwischen 1792 und 1797 durch den Architekten Johann August Arens umgesetzt.

Zwischen dem klassizistischen Bau und Goethes Gartenhaus 65 legte man eine **Sichtachse** an. Obwohl von der Innenausstattung nicht viel erhalten ist, lohnen doch die prächtigen **Wand- und Deckenmale-**

053ew Abb.: ms

reien einen Besuch. Zu besichtigen ist auch das Arbeits- und Schlafzimmer Carl Augusts.

› Im Park an der Ilm, www.klassik-stiftung.de (unter „Museen & Orte"), geöffnet: Ende März–Ende Okt. tgl. außer Di 10–18 Uhr, Ende Okt.–Ende März geschlossen, Eintritt: 4,50 €

68 Stadtschloss mit Schlossmuseum ★★ [II D4]

Begibt man sich auf die Suche nach den Wurzeln Weimars, dann ist man am Stadtschloss goldrichtig. Hier stand einst die Ende des 9. Jh. erbaute hölzerne Wasserburg „Wimares" (altgermanisch für „Heiliger See"), in deren Umgebung sich der gleichnamige Ort entwickelte.

Die ältesten erhaltenen Baukörper sind der markante **Hausmannsturm** aus dem 15. Jh., dem später eine barocke Spitze aufgesetzt wurde, und Teile des davor stehenden, Bastille genannten **Torhauses.**

Die Schlossgebäude selbst stammen aus der Zeit nach dem verheerenden, durch einen Blitzeinschlag ausgelösten Brand im Mai 1774 und wurden 1803 von der **herzoglichen Familie** bezogen. Ergänzt wurde das Anwesen durch einen Südflügel, den Großherzog Wilhelm Ernst 1911 in Auftrag gab.

Der größtenteils von Heinrich Gentz gestaltete, recht schlichte, aber würdevolle Innenraum gilt als **Glanzstück der klassizistischen Architektur.** Besonders sehenswert sind der **Festsaal**, die **Falkengalerie**, die **Gesellschaftsräume** der Großherzogin **Maria Pawlowna** (1786–1859) und die **Dichterzimmer**, die die Regentin in Gedenken an das **Weimarer Viergestirn** – Goethe, Schiller, Wieland und Herder – ab 1835 einrichten ließ. Die

Sicht auf die Vierflügelanlage des Stadtschlosses

Räume schmücken Wandmalereien, die Szenen aus den Werken der Dichter wiedergeben. Die **Goethe-Galerie** entwarf kein geringerer als Karl Friedrich Schinkel.

Im **Schlossmuseum** sind heute **Kunstwerke aus sechs Jahrhunderten** zu sehen. Beachtenswert sind die Werke Lucas Cranachs d.Ä., u.a. mit den berühmten Bildern „Junker Jörg" und „Martin Luther", die kleine herzogliche Wunderkammer, die bedeutende Ikonensammlung und die sakrale Kunst des Spätmittelalters mit dem beeindruckenden Martinsaltar aus Meckfeld und einem um 1510 geschaffenen Marienaltar. Die **oberen Etagen** widmen sich der niederländischen und italienischen Malerei und der Kunst der Aufklärung. Gezeigt werden ferner Porträts und Büsten der herzoglichen Familie, Werke der Weimarer Malerschule und des Ismpressionismus (u.a. Liebermann, Beckmann, Corinth und Monet).

Seit **Herbst 2018** erfolgt eine komplette Sanierung des Schlosses. Die Ausstellungen sind **nicht zugänglich.**

› Bus: alle Linien bis Goetheplatz
› Burgpl. 4, www.klassik-stiftung.de (unter „Museen & Orte"), Tel. 545400

69 Gelbes Schloss und Grüner Markt ★ [II D4]

Erbaut wurde das **Gelbe Schloss** 1704 als **Witwensitz** für Herzogin Charlotte Dorothea Sophie. Ihm gegenüber liegt das **Residenz Café** (s.S.125). Das „Resi" ist das älteste noch bestehende Kaffeehaus Weimars und wurde 1839 gegründet. Zu den berühmtesten Gästen zählt **Marlene Dietrich**, die zu Zeiten der **Hyperinflation** Anfang der 1920er-Jahre hier weilte. Die tagtägliche, exorbitante Entwertung der Reichsmark machte den Bürgern zu schaffen. Als Dietrich die Abermillionen für ihre Rechnung nicht zusammen bekam und schon ihre Golduhr verpfänden wollte, half ihr eine Freundin mit einem Ein-Dollar-Schein aus.

Zwischen „Resi" und Gelbem Schloss erstreckt sich der **Grüne Markt.** Dessen Name verweist auf das **Gemüse,** welches hier im 18.Jh. verkauft wurde.

Über Schloßgasse [II D3/4] und Kaufstraße gelangt man zum **Herderplatz 70**. In der Schloßgasse beeindrucken das 1728 erbaute barocke **Haus mit der Palme** (Nr.4) und das mit Bänder- und Rankenornamenten reich verzierte **Haus Nr.6.** Hier wohnte der berühmte Weimarer Bühnenautor August Ferdinand von Kotzebue (1761–1819). Im **imposanten Fachwerkhaus** aus dem 16.Jh. an der Ecke Marktstraße/Kaufstraße ist die gut sortierte Eckermann Buchhandlung (s.S.121) untergebracht.

› Bus: 1, 5, 6, 8 bis Wielandplatz
› **Gelbes Schloss,** Kollegiengasse

70 Herderplatz ★★ [II D3]

Der pittoreske Herderplatz zählt zu den schönsten Altstadtplätzen Weimars. Seit der Sanierung 2013 ist er **autofrei,** wobei er historisch gesehen eher ein **Verkehrsknotenpunkt** war, kreuzten sich hier doch zwei bedeutende regionale Handelswege.

Seinen heutigen Namen trägt der Platz seit 1850, als am **106. Geburtstag Johann Gottfried Herders** (1744–1803) eine überlebensgroße Bronzestatue des Dichters und Theologen eingeweiht wurde.

Herder kam 1776 auf Vermittlung Goethes, dessen Mentor er war, nach Weimar. Unter Herzog Carl August stieg er zum **Generalsuperintendenten** und höchsten Geistlichen des

Herzogtums auf. Er war Pfarrer der Stadtkirche (heute Herderkirche 71), dem dominantesten Bauwerk am Herderplatz, und wohnte in dem Anfang des 16. Jh. errichteten **Haus Nr. 8** direkt hinter der Kirche.

Hier überrascht das 1712–1716 erbaute **Wilhelm-Ernst-Gymnasium** (Nr. 14), das älteste Schulgebäude der Stadt. Davor plätschert seit 1832 der von Courdray entworfene **Herderbrunnen.** Dem Brunnen schräg gegenüber steht das sogenannte **Deutschritterhaus** (Nr. 16) im Renaissancestil. Es ziert ein Knappe über dem Portal und ein Ritter auf dem Dachgiebel. Einst ging hier **Herzog Carl August** ein und aus, um **seine Geliebte,** die Schauspielerin **Caroline Jagemann** (1777–1848), zu besuchen.

An der Ecke zur Rittergasse [II D3] befindet sich das altehrwürdige Gebäude des Grafen von Schwarzburg, das 1429 erstmalig Erwähnung fand. Seit 1810 trägt es den Namen **Sächsischer Hof** (Eisfeld 12). Damals eröffnete der ehemalige Leibkoch Anna Amalias, François-René Le Goullon, hier ein Gasthaus.

› Bus: 1, 2, 3, 9 bis Friedensstr./Atrium

71 Herderkirche ★★★ [II D3]

Offiziell trägt die Herderkirche den Namen Stadtkirche St. Peter und Paul. Die zwischen 1498 und 1500 erbaute dreischiffige, evangelische Hallenkirche wurde im 18. Jh. durch die volkstümlichen, humanistischen Predigten Johann Gottfried Herders bekannt, denen auch Goethe und Schiller beiwohnten.

Obgleich das Gotteshaus 1945 vom Bombenhagel getroffen wurde, konnte es u. a. dank der Geldspenden Thomas Manns originalgetreu restauriert werden. Bis 2015 erfolgten umfangreiche Sanierungsarbeiten, die das Haus nun wieder im alten Glanz erstrahlen lassen.

Prachtstück der 1734–1745 barock umgestalteten Kirche ist der 1552 von **Lucas Cranach d. Ä.** (1472–1553) begonnene, und von seinem Sohn vollendete **Flügelaltar.** Er ist einer der Hauptwerke des Künstlers. Auf der Mitteltafel ist die Kreuzigung Christi dargestellt. Rechts neben dem Kreuz sind drei Herren zu sehen: Johannes der Täufer, Martin Luther, der auf die aufgeschlagene Seite einer Bibel zeigt, und in der Mitte Lucas Cranach d. Ä. selbst, den der Blutstrahl Christi trifft. Das Bildnis fügte dessen Sohn Lucas Cranach d. J. ein, stellvertretend für die Menschheit, für die Jesus nach christlicher Vorstellung sein Blut vergoss.

Beachtenswert sind außerdem der 1572 geschaffene **Lutherschrein,** auf dem der Reformator als Mönch, Magister und Junker Jörg dargestellt ist, das prunkvolle **herzogliche Wappen** und das **Grab Herders im Mittelschiff.** Dort ist Herders Wahlspruch „Licht – Liebe – Leben" zu lesen. Herder über seine Weltanschauung: „Humanität ist der Charakter unseres Geschlechts. Wir bringen ihn nicht fertig auf die Welt mit (...), auf der Welt aber soll er das Ziel unsres Bestrebens, die Summe unsrer Übungen, unser Wert sein."

› Bus: alle Linien bis Goetheplatz

› Herderpl., www.ek-weimar.de (unter „Kirchen"/„Stadtkirche"), Tel. 851518, geöffnet: Apr.–Okt. Mo–Fr 10–18, Sa 10–12 und 14–18, So 11–12 und 14–16 Uhr, Nov.–März Mo–Sa 10–12 und 14–16, So 11–12 und 14–16 Uhr. Eintritt: frei, **Führungen** Apr.–Okt. (Turm- und Glockenführung Di 17 Uhr, Altar- und Kirchenführung Sa 16 Uhr): 3 €, Anmeldung unter Tel. 903182

75 Goethe- und Schiller-Archiv ★★ [II E3]

Das Archiv oberhalb des Kegelplatzes 74 wurde 1896 eröffnet und ist damit das **älteste Literaturarchiv Deutschlands** – und zugleich eines der bedeutendsten.

Zusammengetragen sind die Nachlässe von über 130 Dichtern und Gelehrten, darunter Herder, Wieland, Büchner, Liszt und Nietzsche. Auch **Goethes Nachlass** ist hier archiviert; dieser gehört seit 2001 zum **Weltdokumentenerbe der UNESCO.** Vom Platz vor dem Gebäude hat man einen schönen Panoramablick über die Innenstadt bis zum Stadtschloss 68 und zur Herderkirche 71 mit ihrem hoch emporragenden Kirchturm.

Ganz in der Nähe des Archivs steht die **Altenburg** (Jenaer Str. 3). Der klassizistische Bau war früher im Besitz der russischen **Fürstin Carolyne von Sayn-Wittgenstein** (1819–1887). 1850 zog ihr Geliebter und späterer Lebensgefährte, der Musiker **Franz Liszt** (1811–1886), entgegen aller Gepflogenheiten im Palais ein.

Bis zur Abreise Liszts nach Rom 1861 entwickelte sich die Altenburg zu einem kulturellen Treffpunkt für **Künstler aus aller Welt.** Zum Gedankenaustausch trafen sich hier internationale Berühmtheiten wie Johannes Brahms, Clara Schumann, Friedrich Smetana, Hans Christian Andersen, Hoffmann von Fallersleben und Gottfried Semper. In dem Gebäude ist heute das **Franz-Liszt-Zentrum** untergebracht – hier finden von Zeit zu Zeit Konzerte und Ausstellungen statt.

› Bus: 1, 2, 3, 9 bis Friedensstr./Atrium

› Hans-Wahl-Str. 4, www.klassik-stiftung.de (unter „Museen & Orte"), Tel. 545240, geöffnet (Ausstellungen): Mo–Fr 10–18, Sa/So 11–16 Uhr, Eintritt: frei, Führungen: 3 €

76 Graben ★ [II C3]

Der 400 m lange Graben trennt die nördliche Altstadt und das Jakobsviertel. Hier verlief einst die **doppelte Stadtmauer.** Sehenswert sind das Gebäude der Städtischen Sparkasse (Nr. 4 a), das 1913 vollendet wurde, der **Löwenbrunnen** aus dem 19. Jh., den das **Wappentier der Stadt** ziert, und das 1913 enthüllte Johannes-Falk-Denkmal. Die Häuser mit den Nummern 1 und 13 weisen hübsche Barocktüren auf. Mit floralen Elementen reich verziert ist das Jugendstilhaus am Graben 39.

› Bus: alle Linien bis Goetheplatz

77 Jakobskirche und Jakobskirchhof ★ [II C2]

Das auf einem Hügel oberhalb der sumpfigen Niederungen gelegene **Jakobsviertel** gilt als **zweiter Siedlungskern der Stadt.** In den 1970er-Jahren sollte der Stadtteil abgerissen und neu bebaut werden. Zum Glück setze man das Vorhaben nur an einer einzigen Stelle um und errichtete das im Volksmund **„Langer Jakob"** genannte, sehr markante **Studentenwohnheim.**

Im Zentrum des Viertels steht die **Jakobskirche.** Diese wurde ursprünglich im 12. Jh. als Pilgerkirche auf dem Weg nach Santiago de Compostela erbaut, musste jedoch später wegen Baufälligkeit abgerissen werden. Der heutige Neubau stammt aus den Jahren 1712–1714.

Am 19. Oktober 1806 ließen sich hier **Johann Wolfgang von Goethe und Christiane Vulpius trauen.** Da das Kirchenschiff seinerzeit als Lazarett für verwundete Soldaten aus der Schlacht von Jena und Auerstedt diente, fand die Zeremonie in der Sakristei hinter dem Altar statt. Der heutige Kanzelaltar ist nicht mehr derselbe wie zu Goethes Zeiten, sondern

056ew Abb.: ms

wurde im Zuge einer klassizistischen Umgestaltung des Innenraums 1817 geweiht.

Der angrenzende **Jakobskirchhof,** auch Jacobsfriedhof genannt, ist der **älteste Friedhof der Stadt.** Begraben sind hier u.a. Christiane von Goethe (neben dem eingezäunten Obelisken) und Lucas Cranach d.Ä. (an der südlichen Kirchenmauer). In der südöstlichen Ecke des Friedhofs befindet sich der Pavillon des **Kassengewölbes.** Hier fanden früher mittellose, aber verdiente Bürger der Stadt in einem Sammelgrab ihre letzte Ruhestätte, so auch **Friedrich Schiller.** Nach dem Verfall der Anlage ließ Bürgermeister Carl Leberecht Schwabe (1778–1851) Schillers Gebeine bzw.

EXTRATIPP

Rundumblick vom Kirchturm

Vom Turm der **Jakobskirche** (77) genießt man eine **herrliche Sicht auf ganz Weimar.** Hier lassen sich sogar die kleinen Fenster öffnen. Der Weg in die Turmspitze führt über teils enge und steile Treppen, vorbei an der **ehemaligen Türmerwohnung** und den **drei Kirchglocken,** von denen die älteste bereits 1631 gegossen wurde. Die Turmbesteigung ist gratis, doch wird eine Spende erbeten.

das, was er dafür hielt, auf den Historischen Friedhof (88) überführen. Das Kassengewölbe wurde eingeebnet, heute steht hier eine Rekonstruktion.

› Bus: 2, 3, 9 bis Friedensstr.
› Rollpl. 4, www.ek-weimar.de (unter „Kirchen"), Tel. 851518, geöffnet: **Kirche** Apr.–Okt. 10–16, So ab 11 Uhr, Nov.–März 11–14 Uhr, **Friedhof** ganzjährig tgl. 8 Uhr bis zum Einbruch der Dunkelheit, Eintritt: frei

(78) Goetheplatz ★ [II C3]

Der Goetheplatz in seiner heutigen Form existiert erst seit rund 150 Jahren. Zuvor wurden hier **Viehmärkte** abgehalten. Nachdem die alten Scheunen und Unterstände 1797 bei einem Brand zerstört wurden, gestaltete man den Bereich an der ehemaligen Stadtmauer um, unter maßgeblicher Beteiligung Goethes, dessen Namen der Platz seit 1945 trägt.

Vom einstigen Befestigungswall zeugt heute nur noch der wuchtige, vom gleichnamigen Studentenklub genutzte **Kasseturm** (s. S. 130). Ein **Säulengang** verbindet diesen mit ei-

Unterwegs im Jakobsviertel - im Hintergrund die Jakobskirche (77)

nem herrschaftlichen, spätklassizistischen Gebäude aus dem Jahr 1860, in dem heute das Kulturzentrum **mon ami** (s. S. 130) untergebracht ist. An dieses schließt sich ein Säulenbau an, der 1859 nach Vorbild des Athener Niketempels errichtet worden war. Hierin befand sich früher das von Großherzogin **Maria Pawlowna** ins Leben gerufene **Lesemuseum:** Die Bürger der Stadt konnten sich mithilfe von 140 verschiedenen Zeitungen kostenlos über aktuelle Ereignisse in Weimar und der Welt informieren. Vor dem Haus, in dem heute das Stadtradio Lotte seinen Sitz hat, plätschert noch immer der zur Jahrhundertwende aufgestellte **Lesebrunnen.**

Auf der gegenüberliegenden Seite des Platzes stehen die 1799 erbaute Löwenapotheke und das 1805 eröffnete **Grand Hotel Russischer Hof** (s. S. 130), das einst Zarenhof hieß und nach Maria Pawlownas Bruder, Zar Alexander I., benannt war. In der Mitte des Goetheplatzes fällt ein **einsamer, klobiger Sockel** auf. Diesem ist sein 1907 gegossenes Reiterstandbild Zar Alexanders I. gewissermaßen „abhanden gekommen". Es wurde, nachdem es die Nazis an andere Stelle versetzt hatten, durch eine Bombe beschädigt und schließlich eingeschmolzen.

Am Platz befindet sich auch die sehenswerte **Kunsthalle „Harry Graf Kessler"** (s. S. 127).

› Bus: alle Linien bis Goetheplatz

79 Geleitstraße ★★ [II C3]

Neben dem Lesebrunnen am Goetheplatz 78 steht der **ehemalige Wintergarten des Hotel Chemnitius.** Seit seiner Errichtung im Jahre 1890 dient er als Restaurant (Anno 1900, s. S. 123). Hier war 1912 Franz Kafka während seines Weimaraufenthaltes zu Gast. Vor dem Haus führt die Geleitstraße in Richtung Herderplatz 70. Benannt ist die Gasse nach dem **Geleithaus.** In dem 1574 errichteten Gebäude hatte bis 1817 das Geleitwesen seinen Sitz. Gegen Zahlung eines Geleitgelds gewährte die Einrichtung Personen und Waren eine sichere Reise auf den Wegen des Herzogtums und den Schutz vor Wegelagerern. Vor dem Geleithaus, im Geleitwinkel, steht der **Geleitbrunnen.** Das **Monogramm MP** verweist auf **Maria Pawlowna,** der es zu verdanken ist, dass ab 1847 viele der Weimarer Laufbrunnen saniert bzw. neu errichtet wurden. Das **prächtige Fachwerkhaus** gegenüber wurde 1560 als Speicher und Wohnhaus eines Waidhändlers (s. S. 48) erbaut und ist heute ein **Restaurant** (Köstritzer Schwarzbierhaus, s. S. 122).

Neben dem Gebäude führt die Scherfgasse [II C3] zum **Palais Schardt** (s. S. 127), dem Elternhaus von Charlotte von Stein. Charlottes Vater, Johann Wilhelm Christian von Schardt, war einer der höchsten Beamten des Weimarer Hofes. Im achteckigen, barock verzierten Pavillon des Gartens traf Goethe wahrscheinlich zum ersten Mal auf Charlotte. Das Palais Schardt ist heute ein **Museum mit kleinem Café.**

› Bus: alle Linien bis Goetheplatz

› **Geleithaus,** Geleitstr./Ecke Scherfgasse

80 Donndorfbrunnen ★ [II C4]

Ab dem Gasthaus **Scharfe Ecke** (s. S. 122) führt die Geleitstraße 79 nach Süden auf einen **hübschen Platz,** in dessen Mitte der Donndorfbrunnen steht. Das Original des Brunnens steht am New Yorker Union Square. Die 1895 geschaffene Weimarer Kopie ist ein Geschenk des Bildhauers **Adolf von Donndorf** (1835–1916) an seine Heimatstadt. Die Bronzefiguren zeigen eine Wasser holende Mutter mit zwei Kindern. Der Platz, an dem sich auch das kuriose **Schirmmuseum** (s. S. 127) samt Schirmgeschäft befindet, ist besonders am frühen Abend, zwischen 18 und 19 Uhr, in ein schönes Licht getaucht. Gegenüber dem Brunnen steht das Gebäude des 1483 gegründeten **ehemaligen Franziskanerklosters**, in dem Martin Luther 1518 übernachtete. Nach der Reformation diente das Haus als Kornspeicher und seit 1872 als **Musikschule.** Hier wurde die erste Orchesterschule Deutschlands gegründet. Im Haus Nr. 8 in der angrenzenden **Windischenstraße** [II C/D4] lebte von 1799 bis 1802 Friedrich Schiller.

› Bus: alle Linien bis Goetheplatz
› Rittergasse/Ecke Geleitstraße

Nördlich der Innenstadt

81 Stadtmuseum Weimar im Bertuchhaus ★ [II C3]

Das Stadtmuseum Weimar ist im 1780–1802 errichteten Bertuchhaus untergebracht. Benannt ist es nach seinem Erbauer, dem Unternehmer und Herausgeber der Modezeitschrift „Journal des Luxus und der Moden" **Friedrich Justin Bertuch** (1747–1822). Die **Dauerausstellung** informiert anhand zahlreicher Exponate über die **Geschichte der Stadt**, die Nationalversammlung von 1919 (s. S. 87) und das Wirken Johann Sebastian Bachs in Weimar. Zu sehen ist auch eine bedeutende Textilsammlung. Im Erdgeschoss finden Sonderausstellungen statt. Unweit des Stadtmuseums, an der Ecke Karl-Liebknecht-/Schwanenseestraße, steht die **ehemalige Bürgerschule**, heute eine **Musikschule.** Das 1821–25 von Courdray geschaffene Gebäude beheimatete früher die **erste städtische Volksschule.** Sie entstand auf Initiative Goethes. Bis zu 600 Kinder konnten hier, streng nach Geschlechtern getrennt, unterrichtet werden. Vor dem Haus steht ein **klassizistischer Brunnen** (1858), den ein goldener, in ein Buch vertiefter Knabe ziert.

› Bus: alle Linien bis Goetheplatz
› Karl-Liebknecht-Str. 5–9, https://stadtmuseum.weimar.de, Tel. 82600, geöffnet: Di–So 10–17 Uhr, Eintritt: 3 €, Kombikarte mit Kunsthalle „Harry Graf Kessler" (s. S. 127) 4 €.

82 Weimarhalle und Weimarhallenpark ★ [II C2]

Erbaut wurde die Weimarhalle in den 1930er-Jahren. Da durch statische Mängel eine Renovierung unmöglich war, musste das Gebäude 1999 neu errichtet werden. Es ist das **Kultur- und Kongresszentrum der Stadt.** Hinter der Halle erstreckt sich der weitläufige, 1932 umgestaltete **Weimarhallenpark**, auf dessen Gewässer, dem **Schwanenseeteich**, in kalten Wintern schon der begeisterte Schlittschuhläufer Goethe seine Runden drehte.

› Bus: alle Linien bis Goetheplatz
› **Congress Centrum Neue Weimarhalle,** UNESCO-Pl. 1, www.weimarhalle.de, Park frei zugänglich

83 Bauhaus-Museum ★★★ [II C2]

Die **industrielle Revolution** hatte im 19. Jh. zu einer tief greifenden gesellschaftlich-kulturellen Umstrukturierung geführt, die auch vor der Architektur nicht Halt machte. Der teils recht verschnörkelten Bauweise des Historismus, bei der man ältere Stilrichtungen kopierte, folgte die zunehmende Verwendung von Glas, Stahl und Beton. Es entstanden großartige Zeugnisse modernen Bauens wie der Eiffelturm in Paris, aber auch zahlreiche Mietskasernen mit dunklen Hinterhöfen, die die Zuzügler aus den ländlichen Regionen beheimaten sollten.

Einen Gegenentwurf zu dieser Entwicklung schufen die avantgardistischen Künstler und Architekten der **Klassischen Moderne,** deren Heimstätte das Bauhaus wurde. Ihre Arbeiten waren **schlicht und zweckmäßig,** aber an den **Bedürfnissen der Menschen** orientiert. In der Architektur wie auch im Kunsthandwerk kamen vorwiegend neue Materialien und Werkstoffe zum Einsatz.

Bereits mit Beginn der Regentschaft Anna Amalias Mitte des 18. Jh. spielte die Kunst eine wichtige Rolle in Weimar. Ihr Sohn Carl August gründete 1776 die erste Fürstliche freie Zeichenschule Weimar, die heutige Weimarer Mal- und Zeichenschule. Weitere Großherzöge taten es ihm gleich. So ließ Carl Alexander die **Kunstschule** errichten und Wilhelm Ernst im Jahre 1908 auf Bestreben des belgischen Architekten Henry van de Velde (1863–1957) die **Kunstgewerbeschule.** Beide Schulen fusionierte **Walter Gropius** (1883–1969), der Nachfolger van de Veldes, und schuf so im Jahre 1919 das Staatliche Bauhaus. Keine andere Kunstschule sollte in den kommenden Jahren so viel Einfluss auf Architektur, Malerei und Design haben. Als Lehrer wirkten hier bedeutende Künstler wie **Lyonel Feininger, Paul Klee und Wassily Kandinsky.**

Die konservativ-rechten Parteien jedoch lehnten das Bauhaus und seine kreativen, andersartigen Ideen vehement ab. Als die Thüringer Regierung zudem finanziellen und politischen Druck ausübte, zog die Schule **1925 nach Dessau** um. Als die NSDAP dort die Wahlen gewann, erfolgte ein erneuter Umzug, diesmal nach Berlin, wo sich die Schule jedoch nur bis zum 19. Juli 1933 halten konnte und dann geschlossen werden musste.

Im April 2019 wurde das **neue Gebäude des Museums** eröffnet. Der überdimensionale Kubus ist in seiner schlichten, von horizontalen Glasbändern durchzogenen Ausführung nicht unumstritten, passt jedoch in seiner Gestalt zur benachbarten Weimarhalle **82**. Zum Schutz der wertvollen Objekte aus der Anfangszeit des Bauhauses wurde nahezu vollständig auf Fenster verzichtet. Durch einen Teil des Gebäudes zieht sich der schmal emporführende Treppenaufgang „Himmelsleiter“.

› Bus: alle Linien bis Goetheplatz
› Stéphane-Hessel-Platz 1, www.klassik-stiftung.de (unter „Museen und Orte“), geöffnet: Mo 10–14.30, Di–So 10–18 Uhr, Eintritt: 11 €, erm. 7 €. Reservierung über die Website empfohlen!

84 Gauforum ★ [II C2]

Auf ca. halbem Wege zwischen Bahnhof (s. S. 120) und Innenstadt kommt der Besucher am Gauforum vorbei. Die überdimensionierte Anlage war eines von fünf geplanten **Verwaltungszentren des Dritten Reiches.**

Die Anlage wird heute vom **Thüringer Verwaltungsamt** genutzt. In das als **Kongresshalle** geplante mittlere Gebäude zog das Einkaufszentrum **Weimar Atrium** (s. S. 121) ein. Die zum Atrium gehörende **Tiefgarage** (s. S. 120) liegt unter dem 15.000 m² großen, ehemaligen Aufmarsch- und Paradeplatz in der Mitte des Areals. Der Platz wurde begrünt, gewissermaßen nach dem Motto „Grashalme statt Militärstiefel“. Im

Eingangsfoyer des **Turmgebäudes** informiert eine **Ausstellung** über die Geschichte des Gauforums.

- Bus: 1, 2, 3, 9 bis Friedensstr./Atrium
- Jorge-Semprún-Platz 1–4, **Ausstellung im Turm** (Hausnummer 1): geöffnet: Mo–Fr 8–18 Uhr, Eintritt: frei

85 Neues Museum Weimar ★ [II C1]

Das Gebäude wurde 1869 als **Großherzogliches Museum** eröffnet. Zu Beginn der 1920er-Jahre fanden hier bedeutende Ausstellungen moderner Kunst statt – zu dieser Zeit war das Haus unter dem Namen **Thüringisches Landesmuseum** bekannt. Die weltbekannten Kunstwerke, etwa von Kandinsky, Klee und Grosz, waren am gleichen Ort Teil der **Nazi-Ausstellung „Entartete Kunst“**, in der die abstrakte Malerei diffamiert wurde. Nach der Zerstörung des Hauses im Zweiten Weltkrieg stand es lange Zeit als Ruine da. Erst im Rahmen des Kulturhauptstadtjahrs 1999 wurde es umfassend saniert. Das Museum präsentiert seit 2019 die Dauerausstellung „Van de Velde, Nietzsche und die Moderne um 1900“ mit herausragenden Werken des Realismus, Impressionismus und Jugendstil. Angeschlossen ist zudem eine Museumswerkstatt. In der **Außenstelle** des ehemaligen E-Werks ist die beeindruckende **Rauminstallation „Konzert für Buchenwald“** von Rebecca Horn zu erleben.

- Bus: 2, 3, 6 bis Carl-August-Allee
- **Neues Museum Weimar**, Jorge-Semprún-Platz 5, www.klassik-stiftung.de (unter „Museen & Orte“), Tel. 545400, geöffnet: Mi–Mo 10–18 Uhr, Eintritt: 8 €, erm. 6,50 €
- **Rauminstallation „Konzert für Buchenwald“**, E-Werk, Straßenbahndepot, Am Kirschberg 4, geöffnet: Mai–Mitte Okt. Sa/So 10–17 Uhr, Eintritt: frei

86 Carl-August-Allee ★ [II C1]

Die Carl-August-Allee ist Mittelpunkt eines im 19. Jh. für das Bürgertum planmäßig angelegten **Villenviertels** und führt zum 1846 eröffneten **Bahnhof** (s. S. 120). Auf halbem Wege passiert man den **Buchenwaldplatz** [II C1], der an die im KZ Buchenwald 96 ermordeten Häftlinge erinnert. Seit 1958 steht hier ein

Die Fassade des Neuen Museums

057ew Abb.: ms

Denkmal des Führers der Kommunistischen Partei, Ernst Thälmann, der in Buchenwald ermordet wurde.

Am Platz vor dem neoklassizistischen Bahnhofsbau fällt ein Gebäude mit goldverzierter Fassade (Nr. 16) auf. Erbauen ließ es der Kaufmann Reisen im Jahre 1888. Dem Haus gegenüber befindet sich das **Hotel Kaiserin Augusta** (Nr. 17). Hier übernachteten u. a. Thomas Mann und Arnold Zweig.

› Bus: 2, 3, 6 bis Carl-August-Allee

Südlich der Innenstadt

87 Villenviertel ★★ [II B6]

Die Bauherren der zahlreichen, teils herrschaftlichen Weimarer Villen waren wohlhabende Bürger, die sich Ende des 19. und Anfang des 20. Jh. fernab der städtischen Enge ihr eigenes Reich schufen. Hier lebten und wirkten auch einige Künstler.

Vom Nationaltheater 52 gelangt man über die Hoffmann-von-Fallersleben- und die Richard-Wagner-Straße [II A6–B4] in das südliche Villenviertel. Unterwegs passiert man die 1891 erbaute, an die Kathedrale von Florenz erinnernde **Herz-Jesu-Kirche.**

Eines der bekanntesten Gebäude des Viertels ist die **Villa Dürckheim** in der **Cranachstraße** [II A/B6]. Sie entstand nach einem Entwurf von Henry van de Velde in den Jahren 1912/1913. Bis 1918 wurde sie von Graf Dürckheim-Montmartin, einem Diplomaten und Zen-Lehrer, bewohnt. 1968–1989 war das herrschaftliche Haus Sitz der Kreisverwaltung der Staatssicherheit und umgeben von hohen Mauern.

350 m weiter in Richtung Südosten steht die Villa, in der 1905–1935 der Publizist, Kunstsammler und Mäzen **Harry Graf Kessler** (1868–1937) lebte (Nr. 15). Sein Ziel war es, das Museum für Kunst und Kunstgewerbe (heute Neues Museum Weimar 85) sowie das Nationaltheater kulturell zu reformieren und für die Avantgarde zu öffnen. Ebenfalls sehenswert sind die von Rudolf Zapfe entworfenen **prächtigen Jugendstilvillen** in der Cranachstraße 9 und 10.

Einen **Abstecher** lohnt außerdem der südöstliche Teil der **Gutenbergstraße** [II A6]. Hier steht das **Palais Henneberg**, das zwischen 1913 und 1914 wiederum von **Henry van de Velde** (1863–1957) entworfen wurde. Es ist eines der wegweisenden Werke des belgischen Architekten und besticht durch seine schlichte Eleganz und die Symbiose aus runder und eckiger Formgebung. Das Haus in der Gutenbergstraße 16 bewohnte der deutsch-amerikanische Maler und Grafiker **Lyonel Feininger** (1871–1956). Berühmt wurde er durch seine kubistischen Bilder. In Weimar malte er u. a. die Kirche von Gelmeroda. Ebenfalls von einem Maler bewohnt wurde die Wilhelm-Külz-Straße 3. Hier lebte von 1923 bis 1925 **Wassily Kandinsky** (1866–1969). Er gilt als Wegbereiter der abstrakten Kunst.

› Bus: 6 bis Cranachstr.
› Ausdehnung: zw. Thomas-Müntzer-Str. [II A5] und Gutenbergstr. [II A6]
› **Herz-Jesu-Kirche,** Paul-Schneider-Str. 3
› **Villa Dürckheim,** Cranachstr. 47
› **Palais Henneberg,** Gutenbergstr. 1 a

88 Historischer Friedhof ★★ [II C6]

Hier fanden einige der bekanntesten Köpfe Deutschlands ihre letzte Ruhestätte: Der würdevolle Historische Friedhof in Weimar zählt zu den bedeutendsten und schönsten Begräbnisstätten des Landes.

Entlang der westlichen Mauer befinden sich die Gräber einiger wichtiger Persönlichkeiten des 18. und 19. Jh., u. a. von Goethes Weggefährtin Charlotte von Stein (1742–1827), Hofrat Franz Kirms (1750–1828), Oberbaudirektor Clemens Courdray (1775–1845), Dichter Johannes Falk (1768–1826) und die **Grabstätten der Familie Goethe.** Begraben wurden hier Goethes Schwiegertochter und zwei seiner Söhne. Seine Ehefrau Christiane ruht auf dem Jakobskirchhof 77, der Dichter selbst in der **Fürstengruft.** Dieses in der Mitte des Friedhofs befindliche Mausoleum ließ **Herzog Carl August** (s. S. 78) für die Verstorbenen der herzoglichen Familie errichten. Da er wünschte, dem Dichterfürsten Weimars auch im Tod nahe zu sein, wurde hier 1832 auch Goethe beigesetzt.

Zudem ließ Bürgermeister Schwabe die vermeintlichen sterblichen Überreste **Friedrich Schillers** (1759–1805) vom Jakobskirchhof in die Fürstengruft überführen. Da der finanziell nicht gerade gut gestellte Dichter aber in einem Gemeinschaftsgrab beerdigt war, konnten seine Gebeine nicht mehr eindeutig identifiziert werden. Die Zweifel daran, ob Schwabe seinerzeit wirklich Schillers Knochen und Schädel in den Sarg legen ließ, wollte man 2008 im Rahmen eines internationalen Forschungsprojekts ausräumen. Man begann, den DNA-Code Schillers anhand des Erbgutes der Schiller-Familie zu entschlüsseln und stellte fest: Die Knochen im Grab gehören nicht Friedrich Schiller. Auch keines der zwei gefundenen Häupter ließ sich dem Dichter zuordnen. So kommt es, dass **Schillers Sarg nun leer** ist.

Hinter der Gruft erhebt sich die mit **Zwiebeltürmen** verzierte **Russisch-Orthodoxe Kapelle** (1862). Hier ruht in russischer Erde Großfürstin Maria Pawlowna (1786–1859), Tochter des russischen Zaren Paul I. und Schwiegertochter Herzog Carl Augusts. Da ihr Gatte Carl Friedrich (1783–1853), der Tradition folgend, in der Fürstengruft beigesetzt wurde, schuf man einen Durchgang zur Gruft, damit beide nah beieinander sein konnten.

Rechts hinter der Kapelle steht das mit Masken und tanzenden Nymphen verzierte **Euphrosyne-Denkmal.** Gewidmet ist es der 18-jährig verstorbenen **Christiane Becker-Neumann.** Goethe bewunderte die Schauspielerin für ihre Anmut und Ausdruckskraft. Sie wurde zum Vorbild vieler seiner dramatischen Mädchengestalten. Zum letzten Mal sah er Becker-Neumann als Euphrosyne in Joseph Weigls Oper „Das Petermännchen". Geschockt von ihrem frühen Tod, sammelten Goethe, Kirms und Böttiger Geld für die Errichtung des Monuments. Seit 1950 steht es auf dem

058ew Abb.: ms

Die Russisch-Orthodoxe Kapelle auf dem Historischen Friedhof

Friedhof, eine Kopie befindet sich im Park an der Ilm 64.

Auf dem angrenzenden Hauptfriedhof steht im oberen Teil das 1922 von **Walter Gropius** geschaffene **Denkmal der Märzgefallenen.** Es erinnert an die Opfer der Niederschlagung des Kapp-Putsches von 1920, der sich gegen die Weimarer Republik richtete. Das von den Nazis als „entartete Kunst" angesehene Original wurde zerstört, nach dem Krieg jedoch wieder aufgebaut.

› Bus: 6, 5, 8 bis Am Poseckschen Garten

› Am Poseckschen Garten, www.klassik-stiftung.de (unter „Museen & Orte"), www.rok-weimar.de, **Friedhof** März–Sept. tgl. 8–21, Okt.–Feb. tgl. 8–18 Uhr, **Fürstengruft** Ende März–Ende Okt. tgl. außer Di 10–18, Ende Okt.–Ende März bis 16 Uhr, **Russisch-Orthodoxe Kapelle** tgl. außer Di 10–15.45 Uhr, Eintritt: frei (Friedhof und Kapelle), 4,50 € (Fürstengruft)

89 Hauptgebäude der Bauhaus-Universität ★ [II D6]

Das Bauwerk, das zum **UNESCO-Weltkulturerbe** gehört, entstand zwischen 1904 und 1911 nach Entwürfen des berühmten Architekten **Henry van de Velde.** Besonders beachtenswert ist das **elliptische Treppenauge,** das den Besucher magisch in den Bann zieht. Aus der Feder van de Veldes stammen auch die kleineren Gebäude gegenüber dem Liszt-Haus 90, die einst die Großherzogliche Kunstgewerbeschule beherbergten.

Unweit der Universität, an der Ecke zu Bauhausstraße [II D6], steht das um 1870 erbaute **Prellerhaus.** Es diente dem Maler Louis Preller (1822–1901) als Atelier, später hatte van de Velde hier seine Arbeitsräume.

› Bus: 1 bis Bauhaus-Universität

› Geschwister-Scholl-Str. 8, www.uni-weimar.de

90 Liszt-Haus ★★ [II D6]

Der aus Ungarn stammende Klaviervirtuose und Dirigent Franz Liszt (1811–86) galt schon sehr früh als Wunderkind und entwickelte sich zu einem der produktivsten und bekanntesten Komponisten des 19. Jh. Nach Jahren rastloser Wanderschaft durch Europa kam er 1842 zum ersten Mal nach Weimar.

Großherzog Carl Alexander ernannte ihn zum **Kapellmeister,** einer Berufung, der er jedoch nur unregelmäßig nachkam. Seine Wege führten ihn schon bald erneut quer durch die Länder des Kontinents. 1847 lernte er in Kiew die bereits verheiratete **Carolyne zu Sayn-Wittgenstein** (1819–1887) kennen.

In ihr fand er eine Partnerin, mit der er sich über Kunst, Religion und Philosophie austauschen konnte. Als die Fürstin 1848 in die **Altenburg** [II E3] umzog, zog es auch Liszt zurück nach Weimar. Die nun folgenden Jahre gelten als seine produktivsten. 1861 reiste Liszt nach Rom, um dort beim Papst die Scheidung

EXTRATIPP

Auf den Spuren des Bauhauses

Studenten der Universität laden zu einem spannenden **Bauhaus-Spaziergang** durch Weimar ein. Die informativen Rundgänge dauern 1,5 oder 2,5 Stunden. Eine vorherige Anmeldung ist nicht nötig, es müssen aber mindestens fünf Personen teilnehmen.

› April–Okt. Mi/Fr/Sa 14 Uhr ab Bauhaus Atelier im Innenhof des Hauptgebäudes der Bauhaus-Universität 89, Nov.–März nur Fr/Sa, https://www.uni-weimar.de/de/universitaet/profil/bauhausatelier/bauhaus-spaziergang/kontakte/bauhaus-spaziergang, Preis: 12 € (2,5 Std.), 7 € (1,5 Std.)

und anschließende Heirat mit Carolyne zu erwirken. Nach dem Scheitern dieses Vorhabens wandte sich Carolyne von Liszt ab, der sich daraufhin in ein Kloster zurückzog. Erst 1867 reiste er erneut nach Weimar, wo er zwei Jahre später, einem Ruf Großherzog Carl Alexanders folgend, eine Wohnung im ehemaligen Haus des Hofgärtners bezog und hier Musikschüler unterrichtete.

Das heutige, **sehenswerte Museum** umfasst sein **original erhaltenes Wohn- und Arbeitszimmer** mit dem Bechstein-Flügel wie auch **Briefe und Manuskripte.** Umweit des Hauses, im Park an der Ilm 64, erinnert ein 1902 vom Bildhauer Hermann Hahn aus weißem Carrara-Marmor geschaffenes Denkmal an den Komponisten.

› Bus: 1 bis Bauhaus-Universität
› Marienstr. 17, www.klassik-stiftung.de (unter „Museen & Orte"), Tel. 545400, geöffnet: Ende März–Ende Okt. tgl. außer Di 10–18, Ende Okt.–Ende März tgl. außer Di 10–16 Uhr, Eintritt: 4,50 €, Führungen: 3 € (Sa 13 Uhr)

Entdeckungen außerhalb des Zentrums

91 Deutsches Bienenmuseum ★

Bereits 1910 wurde in Weimar das **erste Bienenmuseum Deutschlands** gegründet. Es ist seit 1956 im ehemaligen Gasthof Goldener Schwan in Oberweimar untergebracht. Die interessante **Dauerausstellung** verrät viel über das Leben der Bienen und die Geschichte der Imkerei. Zu sehen sind u. a. Figuren- bzw. Klotzbeuten, also geschnitzte Bienenstöcke in Gestalt von Menschen und Tieren. Es gibt einen gut sortierten **Hofladen** und eine **Gaststube.** Besonders mundet hier der **köstliche Bienenstich.** Sehenswert ist auch die nahegelegene, 1281 geweihte **Kirche St. Peter und Paul** (Klosterweg), die einen markanten Fachwerkturm aus dem 16. Jh. besitzt.

› Bus: 1 bis Plan Oberweimar
› Ilmstr. 3, http://bienenmuseum.lvthi.de, Tel. 901032, geöffnet: Apr.–Okt. Di–So 10–18, Jan.–März Di–So 10–17 Uhr, Eintritt: 4 €

92 Haus Hohe Pappeln ★

Großherzog Wilhelm Ernst holte den belgischen Stararchitekten **Henry van de Velde** (1863–1957) 1902 als Leiter der Kunstgewerbeschule nach Weimar. Das Haus Hohe Pappeln, zwischen 1907 und 1908 errichtet, diente ihm als **Wohnhaus.** Erbaut wurde es nach dem Gestaltungsleitsatz „form follows function" („die Form folgt der Funktion"). Das Gebäude verstand van de Velde als eine Art Organismus, in dem jedes Zimmer seine Funktion hatte. Die Wohndiele diente z. B. als Kreuzungspunkt, als Herz des Hauses. Zu besichtigen sind die **Wohnbereiche** mit Veldes Möbeln und der **Garten.**

› Bus: 1 bis Papiergraben
› Belvederer Allee 58, www.klassik-stiftung.de (unter „Museen & Orte"), Tel. 545400, geöffnet: Ende März–Ende Okt. Di–So 11–17 Uhr, Eintritt: 3,50 €

93 Schloss und Park Belvedere ★★★

Mit dem Beginn der Renaissance wurde es dem Adel etwas eng in seinen städtischen Palästen. Dem Wunsch nach mehr Freiraum und Natur entsprechend, begann man mit dem Bau von Lustschlössern. So entstand das Schloss Belevedere.

Hier konnte sich die Aristokratie ungestört zurückziehen und dem Müßiggang frönen. Zur Unterhaltung fanden **Tänze, Konzerte und Jagden** statt. Errichtet wurde die Anlage ab 1724 auf

EXTRATIPP

Blick in die Frühgeschichte

Neben dem Deutschen Bienenmuseum 91 führt die 1720 errichtete Steinbogenbrücke über die Ilm in Richtung **Ehringsdorf.** Bekannt wurde die Siedlung durch ihren Travertin-Steinbruch. 1908 fand man hier die fossilen Überreste des **Ehringsdorfer Urmenschen,** dessen Alter auf 120.000 Jahre geschätzt wird. Das Freigelände kann besucht werden (Schautafeln).

M 120 **Archäologisches Freigelände Weimar-Ehringsdorf,** Ernst-und-Kurt-Lindig Weg, www.spuren-der-eiszeit.de, April–Okt. rund um die Uhr kostenlos zugänglich, Bus: 1 bis Falkenburg. Ab Ortsmitte Ehringsdorf nimmt man den Hainweg und folgt dem Pfad am Zaun der Firma IBU-tec nach rechts.

Geheiß des für seine Baubegeisterung bekannten Herzogs Ernst August I. (1688–1748) in Anlehnung an das Schloss Belvedere in Wien.

Betritt man heute das Gelände, so wird der Besucher meist mit Musik empfangen, da die meisten der Kavaliershäuser sowie ein moderner Anbau von der **Hochschule für Musik Franz Liszt** als **Übungs- und Lehrräume** genutzt werden.

Im Hauptgebäude der barocken Schlossanlage ist das **Museum für Kunsthandwerk** untergebracht. Gezeigt werden kunsthandwerkliche Schätze aus dem 17. und 18. Jh. Hält man sich nun vor dem Haus rechts, gelangt man, vorbei am herzoglichen **Irrgarten,** in einen abgetrennten Bereich, den **Russischen Garten.** Die von hohen Hecken umgebene Anlage ist eine verkleinerte Ausgabe des Privatgartens des Zaren in Pawlowsk. Anlegen ließ ihn 1811 bis 1815 Erbgroßherzog Carl Friedrich für seine Gemahlin, die Zarentochter Maria Pawlowna. Der Garten mündet im **Heckentheater,** wo 1824 zum ersten Mal eine Aufführung stattfand.

Hält man sich vor dem Hauptgebäude links, so führt der Weg zur 1740 erbauten **Orangerie.** Die fremdländischen Gewächse, die im Winter in den Treibhäusern unterstehen, geben dem Garten im Sommer eine exotische Note.

059ew Abb.: ms

Die **weitläufige Parkanlage** erstreckt sich hinab zu den Ufern des Possenbachs. Ihre heutige Gestalt erhielt sie zwischen 1842 und 1850 nach Plänen von Fürst Pückler-Muskau. Dem romantischen Zeitgeschmack entsprechend wurden u. a. **künstliche Grotten und Ruinen** angelegt. Eine Erkundung des Parks lohnt in jedem Fall, auch wenn bei ungünstigen Windbedingungen das Rauschen der nahen Autobahn den Genuss etwas beeinträchtigt.

› Bus: 1 bis Belvedere (z. B. ab Goethepl.)

› Weimar-Belvedere, www.klassik-stiftung.de (unter „Museen & Orte") Tel. 545400, geöffnet: **Schloss** Ende März–Ende Okt. Di–So 11–17 Uhr; **Park** ganzjährig; **Orangerie** Mitte Dez.–Feb. Mi–So 11–16, März–Ende Apr. bis 17 Uhr, Eintritt: Schloss 6,50 €, Orangerie 2,50 €, Park gratis

94 Schloss und Park Tiefurt ★★

Das Schloss gibt sich sehr bescheiden und steht zurückgezogen neben der zum stilvollen Restaurant umgestalteten alten Remise.

Das Gebäude wurde 1776 zum Wohnsitz von Prinz Friedrich Ferdinand Constantin umgestaltet. Nach dessen Abreise verlegte **Herzogin Anna Amalia** ihren **Sommersitz** hierher. Fortan entwickelte sich das Haus zu einem **Zentrum des kulturellen Lebens.** Hier fanden Aufführungen und literarische Abende statt. Goethe, Schiller, Wieland und Herder waren oft zu Gast. Über das gesellschaftliche Treiben berichtete sogar eine eigene Zeitung, das Tiefurter Journal, dessen Herausgeberin Anna Amalia höchstpersönlich war.

Die **geschmackvolle Ausstattung** der Schlossräume ist größtenteils **im Original erhalten.** Zu sehen sind neben gediegenem Mobiliar auch kostbares Porzellan aus China, Meißen und Fürstenberg, Aquarelle von Johann Georg Schütz sowie Skulpturen und Büsten von Gottlieb Martin Klauer.

Der angrenzende, 21 ha große Tiefurter **Landschaftspark** wurde im **englischen Stil** entlang einer Flussbiegung der Ilm angelegt – ein idealer Ort, um die Seele baumeln zu lassen.

Dem Schloss gegenüber steht der 1805 im Fachwerkstil erbaute **Teesalon.** Läuft man von ihm aus rechts hinab zum Wasser, gelangt man zum **Mozart-Denkmal**, dem ersten Deutschlands. Folgt man nun dem Fluss nach Norden, gelangt man zum **Musentempel** und dem **Naturtheater** Anna Amalias. Hier führten Bürgerliche und Adlige Laienstücke auf, zu denen auch das „gewöhnliche Volk" geladen war. Zwei Gedenksteine er-

Exotische Pflanzen: die Orangerie des Parks Belvedere

0060ew Abb.: ms

Die Tiefurter Kirche gegenüber dem Tiefurter Schloss

innern an die Dichter der Weimarer Klassik, Herder und Wieland.

- Bus: 3 bis Tiefurt (z. B. ab Goetheplatz)
- Hauptstr. 14, Weimar-Tiefurt, www.klassik-stiftung.de (unter „Museen & Orte"), Tel. 545400, geöffnet: Ende März–Ende Okt. Di–So 11–17, Eintritt: 6,50 €

95 Schloss Ettersburg ★

Der Wald des Ettersberges diente den Weimarer Herzogen einst als **Jagdgebiet.** Zu Beginn des 18. Jh. ließ **Herzog Wilhelm Ernst** (1662–1728) hier ein Schloss als sommerliche Residenz anlegen.

2007 wurde das Schloss ebenso aufwendig wie kostspielig saniert; heute beherbergt es ein **Kultur- und Tagungszentrum** mit gehobenem **Hotel und Restaurant.**

Der **Schlosspark** ist öffentlich zugänglich. Von ihm aus führt eine von den Landschaftsarchitekten Eduard Petzold und Fürst von Pückler-Muskau angelegte Sichtachse, der sogenannte **Pücklerschlag**, 900 m weit den Hang hinauf. Er reicht bis zum **Stern**, an dem sich weitere Schneisen treffen. Durch diese trieb die höfische Jagdgesellschaft früher das Wild. Pücklerschlag und Stern sind Teil der 1999 angelegten **Zeitschneise.** Der **Waldweg** verbindet das ehemalige KZ Buchenwald 96, einen Ort der Brutalität und Unmenschlichkeit, mit dem Schloss Ettersburg, einem Symbol für das weltoffene, fortschrittliche und freiheitlich orientierte Weimar der Klassik.

- Bus: 6 bis Ettersburg (ab Wielandplatz, Goetheplatz und Hbf.)
- Am Schloss 1, www.schlossettersburg.de, Tel. 7428410

☐ Der Glockenturm in Buchenwald

96 Gedenkstätte Buchenwald

Ist man zwischen Erfurt und Weimar unterwegs, so erblickt man unweigerlich den weithin sichtbaren, 50 m hohen Glockenturm am Rande des Ettersberges. Er ist Mittelpunkt einer 1958 geschaffenen Denkmalanlage und mahnt an die unmenschliche Barbarei im ehemaligen Konzentrationslager Buchenwald.

Buchenwald war zum Kriegsende 1945 das größte Konzentrationslager auf deutschem Boden. Das **Arbeitslager** mit seinen 136 Außenstellen bestand zwischen Juli 1937 und April 1945. Mehr als 250.000 Häftlinge wurden hier im Dienste der **Rüstungsindustrie** und der **medizinischen Forschung** ausgebeutet und misshandelt. Rund 56.000 von ihnen kamen qualvoll ums Leben – sie starben an Entkräftung, Seuchen, Folter und im Rahmen medizinischer Experimente. Rund 8000 sowjetische Kriegsgefangene wurden mit der Genickschussanlage getötet. Als sich die US-Armee bei Kriegsende dem Lager näherte und die SS langsam abzog, übernahmen am 11. April 1945 die **Häftlinge** durch einen **Aufstand** die Kontrolle über Buchenwald.

Zwischen August 1945 und 1950 nutzte die **sowjetische Besatzungsmacht** Buchenwald als **Speziallager Nr. 2** für politische Gefangene, vermeintliche oder tatsächliche Mitglieder der NSDAP und der Gestapo. 7000 Gefangene überlebten die Inhaftierung nicht und starben häufig an Mangelernährung oder den daraus resultierenden Krankheiten.

Über die noch in Teilen erhaltene, bis 1939 von 200 Häftlingen erbaute, sogenannte **Blutstraße**, erreicht man die ehemaligen SS-Kasernengebäude. Durch das Torgebäude betritt man das ehemalige Lager, vorbei an der **gusseisernen Inschrift „Jedem das Seine“**, die auf der Innenseite angebracht war, gut lesbar für die Häftlinge. Schon allein in diesem höhnischen Spruch spiegelt sich die menschenfeindliche Rassenideologie des NS-Regimes.

Hinter dem Tor befanden sich früher die Häftlingsbaracken. Sie wurden in den 1950er-Jahren abgerissen. Die **Weite des Geländes** wirkt bedrückend und lässt den Besucher still verharren. Umgeben ist das Lager von 23 Wachtürmen und einem Stacheldrahtzaun, der elektrisch geladen war.

Im noch erhaltenen **Desinfektionsgebäude** wurden die Gefangenen geschoren und erhielten eine Nummer. Eine Ausstellung zeigt hier u. a. von Häftlingen gefertigte Kunstwerke. Die Geschichte des Lagers wird in der **Effektenkammer** dokumentiert. Hier wurden Gefangenenkleidung und alle den Häftlingen abgenommenen Habseligkeiten gesammelt. Erhalten sind ebenfalls die **Häftlingskantine** und das **Krematorium.**

Unterhalb des Lagerbereiches, auf der Fläche von drei großen Massengräbern, befindet sich die **monumentale Denkmalanlage.** Sie beeindruckt durch ihre schiere Größe, zeigt aber auch, wie die DDR das Gedenken instrumentalisierte, indem z. B. die kommunistischen Häftlinge besonders heroisch verehrt wurden.

Vorbei an sieben Stelen, von denen jede eines der Jahre symbolisiert, die das Lager bestand, erreicht man die **Straße der Nationen.** Sie verbindet drei große **Ringgräber.** In jedem von ihnen ruhen die Gebeine von 3000 Menschen. Flankiert wird der Weg von 18 Pylonen mit Feuerschalen, die symbolisch für die 18 Nationen stehen, die im Lager inhaftiert waren.

Am dritten Ringgrab führt eine Treppe hinauf zum **Glockenturm**, dem **„Turm der Freiheit“.** Unmittelbar davor steht die **Buchenwaldgruppe**, deren 11 Figuren an den Widerstand im Lager erinnern.

Unter den Häftlingen des Konzentrationslagers waren auch zahlreiche **Kinder.** Das jüngste von ihnen war der damals dreieinhalbjährige Stefan Jerzy Zweig. Er wurde von anderen Häftlingen versteckt und überlebte. Sein Schicksal wurde in **Bruno Apitz' Roman „Nackt unter Wölfen“** thematisiert.

Buchenwald ist ein Ort, der schockiert und betroffen macht und an dem man sich bewusst mit der NS-Geschichte auseinandersetzen kann – genau aus diesem Grund ist ein Besuch lohnenswert.

› Bus 6 bis Buchenwald (z. B. ab Wielandpl., Goethepl. und Hbf.)
› Buchenwald, www.buchenwald.de, Tel. 430200, geöffnet: Apr.-Okt. Di-So 10-18, Nov.-März Di-So 10-16 Uhr, Eintritt: frei, Audiobegleiter (ausleihbar 10-15 Uhr) 3-5 €, 30-minütiger Film. Führungen (gegen Spende) starten an der Besucherinformation, Zeiten siehe Website.

071ew Abb.: fo©twilight_art_pictures (joerg mikus), stock.adobe.com

Praktische Reisetipps Weimar

An- und Weiterreise

Mit Bus und Bahn

Der **Bahnhof Weimar** liegt **nördlich des Zentrums** am Ende der Carl-August-Allee 86, etwa zehn Gehminuten von der Innenstadt entfernt.

- •121 **Bahnhof Weimar,** Schopenhauerstr. 2, Bus 1, 6, 7 bis Goetheplatz, Tel. 3001055

Mit dem Flugzeug

Der **Flughafen Erfurt-Weimar** (s. S. 59) liegt im Erfurter Stadtteil Bindersleben. Mit der Stadtbahnlinie 4 erreicht man den Hauptbahnhof Erfurt (s. S. 59) – von hier gelangt man nach Weimar.

Von Weimar nach Erfurt

Nähere Angaben finden sich im Abschnitt zu Erfurt (s. S. 59).

Autofahren

Parkmöglichkeiten finden sich hier:

- P122 [II C7] **Parkplatz am Hauptfriedhof,** Berkaer Str./B 85, 10 Min. zu Fuß in die südliche Innenstadt
- P123 [II B3] **Parkhaus an der Hauptpost,** Karl-Liebknecht-Str.
- P124 [II D5] **Tiefgarage Beethovenplatz**
- › **Tiefgarage unter dem Weimar Atrium** (s. S. 121), Zufahrt Ernst-Kohl-Str., am Gauforum 84

061ew Abb.: ms

Weitere Parkplätze stehen entlang der Straßen am Stadtschloss 68, am Graben 76 und auf dem Rollplatz an der Jakobskirche 77 zur Verfügung.

Barrierefreies Reisen

Die Stadt bietet **barrierefreie Stadtrundgänge** an – buchen lassen sie sich bei der Tourist-Information Weimar (s. S. 125), die auch über behindertengerechte Unterkünfte informiert. In Weimar verkehren **Niederflurbusse**, zum Teil ausgestattet mit Klapprampe. Viele Museen (s. S. 126) sind für **Rollstuhlfahrer** zugänglich.

- › **Weitere Infos:** www.weimar.de (unter „Tourismus"/„Service"/„Gäste mit Handicap"), Tel. 03643 7450

Einkaufen

Das Angebot ist zwar nicht groß, wer aber gerne durch **kleine, individuelle Läden** bummelt, ist in Weimar genau richtig. In der Innenstadt gibt es zudem einige Einkaufzentren. Auf dem **Markt** 57 findet Mo–Sa der **Wochenmarkt** statt – hier gibt es Blumen, Zwiebelzöpfe und selbstverständlich leckere Thüringer Bratwurst.

Einkaufszentren

- 125 [II C4] **Goethekaufhaus,** Theaterpl. 2 a, www.goethekaufhaus-weimar.de, Tel. 8696, geöffnet: Mo–Fr 10–20, Sa bis 18 Uhr. Supermarkt, Drogerie, Imbisse und viele Modegeschäfte.

Weimars Verkehrsknotenpunkt: der Hauptbahnhof

Shoppingareale
Die wichtigsten Shoppingbereiche der Stadt sind im Kartenmaterial mit einer rötlichen Fläche markiert.

126 [II C4] **Schillerkaufhaus,** Schillerstr. 11, www.schillerkaufhaus-weimar.de, Tel. 473710, Mo–Sa 10–20 Uhr. Modekaufhaus mit allen gängigen Marken.

127 [II D2] **Weimar Atrium,** Friedensstr. 1, www.weimar-atrium.de, Tel. 7750, geöffnet: Mo–Sa 9-20 Uhr. Mode, Schmuck, Bücher, Drogerie und Sportgeschäfte, dazu ein 3-D-Kino.

Bücher

128 [II D4] **Eckermann Buchhandlung,** Marktstr. 2, www.eckermannbuch handlung.de, Tel. 41590, geöffnet: Mo–Fr 10–19, Sa 10–18, So 12–18 Uhr (März–Dez.). Sehr gut sortierter Buchladen im hübschen historischen Fachwerkhaus.

Kunsthandwerk, Design und Souvenirs

› **GinkgoShop im Ginkgo Museum** (s. S. 126), www.ginkgoland.de, geöffnet: Mo–Fr 10–18, Sa/So 10–16 Uhr. Viele interessante, teils ungewöhnliche Ginkgo-Produkte, auch Pflanzen und Samen, außerdem Bücher und Mitbringsel. Angeschlossen sind die Ginkgo Appartements (s. S. 132).

129 [II C5] **Internationales Design,** Wielandplatz 3, www.bauhausshop.eu, Tel. 901678, geöffnet: Mo–Fr 10–18.30, Sa 10–14 Uhr. Hier lassen sich Bauhaus-Artikel (Accessoires, Möbel, Leuchten), Geschenke, Taschen und Ginkgo-Kollektionen erstehen.

130 [II D4] **Museumsshop der Klassik Stiftung Weimar,** Frauentorstr. 4, Tel. 545406, geöffnet: Mo–Sa 10–18, So 11–16 Uhr. Große Auswahl an informativen Büchern über die Weimarer Klassik und stilvolle Weimar-Andenken. In einzelnen Museen, z. B. Goethes Wohnhaus 59 und Bauhaus-Museum 53, gibt es ebenfalls Shops der Stiftung.

131 [II C4] **Schmuck & Design Susanne Schmidt,** Schillerstr. 14, www.schmuckunddesign-weimar.de, Tel. 853713, geöffnet: Mo–Fr 9.30–19.30, Sa bis 18 Uhr. Ringe und Schmuck.

132 [II D4] **Vergiss Mein Nicht,** Kaufstr. 14–16, www.vergissmeinnicht-weimar.de, Tel. 856157, geöffnet: Mo–Fr 10–18, Sa 10–16 Uhr. Ein Laden zum Stöbern. Hier findet man geschmackvolle Wohnaccessoires, Dekoartikel, Taschen und Kindermode.

133 [II C3] **Villa Taschenwerk,** Geleitstr. 7, Tel. 8552940, www.villa-taschenwerk.de, geöffnet: Mo–Fr 10–18, Sa 10–16 Uhr. Unikate aus Weimar und der Welt für Erwachsene und Kinder.

Mode

134 [II D4] **Cara Apfelkern,** Herderplatz 4, www.cara-apfelkern.com, Tel. 814896, geöffnet: Di–Fr 11–16, Sa bis 15 Uhr. Boutique für individuelle Damenmode. Neben selbst gefertigten Kleidern gibt es Taschen und Kopfschmuck.

135 [II D3] **Lieblingsstücke,** Vorwerksgasse 9, www.lieblingsstuecke-wei mar.de, Tel. 415072, geöffnet: Mo–Fr 10–19, Sa bis 16 Uhr. Originelle Mode für Frauen, die auf der Suche nach ihrem persönlichen Lieblingsstück sind.

136 [II C4] **LoveAFair,** Marktstr 22, www.loveafair-weimar.de, Tel. 4573424, geöffnet: Mo–Fr 10–18, Sa bis 16 Uhr. Bio- und Fair-Trade-Mode.

137 [II D3] **Schneekleidchen & Hosenrot,** Kaufstr. 18, https://fairkleidchen.de, Tel. 4437359, geöffnet: Mo–Fr 10–18, Sa bis 17 Uhr. Fair gehandelte, kleidsame Mode.

Kindermode und Spielwaren

138 [II C4] **Matz & Murkel,** Windischenstraße 25, www.matzundmurkel.de, Tel. 741766, geöffnet: Mo–Fr 10–18, Sa 10–16 Uhr. Ausgefallene Bio-Mode für Kinder.

139 [II D3] **Steinboss,** Eisfeld 6, Tel. 854490, geöffnet: Mo–Sa 9–18 Uhr. Ein Geschäft der besonderen Art: Hier gibt es Holzspielzeug, antiquarische Kinderbücher u. v. m. Man merkt deutlich, dass der Besitzer seinen Laden mit Hingabe führt.

Regionale Spezialitäten

140 [II D4] **Thüringer Spezialitätenmarkt Weimar,** Kaufstr. 9, www.thueringer-spezialitaeten.de, Tel. 204670, geöffnet: Mo–Fr 10–18, Sa 10–17 Uhr. Hier gibt es nahezu alle bekannten Thüringer Produkte, u. a. Wurst, Käse, Senf und Naschwaren.

141 [II C3] **Viba sweets,** Geleitstr. 25, Tel. 808360, geöffnet: Mo–Fr 10–19, Sa 10–16 Uhr. Seit 1893 steht Viba für leckeres Nougat und feinstes Marzipan. Leckere Kreationen können in der Filiale als Snack für zwischendurch oder zum Verschenken erworben werden.

Lebensmittel und Backwaren

142 [II D3] **Bäckerei und Konditorei Stephan Rose,** Herderpl. 15, www.rose-weimar.de, Tel. 814674, geöffnet: tgl. 7–18 Uhr. Sehr gute Privatbäckerei, eine der besten Deutschlands. Leckere Brötchen nach typischem DDR-Rezept (also vollmundig statt knackig), Kuchen und Torten. Mit zugehörigem Café.

143 [II D3] **Bio-Laden Rosmarin,** Herderpl. 3, www.bioweimar.de, Tel. 804477, geöffnet: Mo–Fr 10–19, Sa 10–16 Uhr. Gut sortierter Laden in der Altstadt mit vielen frischen, regionalen Bioprodukten. Unmittelbar daneben: Estragon Suppenbar für die leichtere Kost (s. S. 124).

Hervorhebenswerte Lokale

Infos über Typisches aus der **Thüringer Küche** finden sich auf S. 63.

Thüringer Küche

144 [II C4] **Erbenhof** €€, Brauhausgasse 10, www.erbenhof.de, Tel. 4576715, geöffnet: tgl. 12–23 Uhr. Hier werden schmackhafte regionale Gerichte serviert, köstliche Torten und Kuchen sowie guter Kaffee. Modernes Ambiente mit Biergarten im Innenhof.

145 [II C3] **Köstritzer Schwarzbierhaus** €€, Scherfgasse 4, www.koestritzer-schwarzbierhaus-weimar.de, Tel. 779337, geöffnet: Mo–Do 11–23, Fr/Sa 11–24, So 11–22 Uhr. Delikate regionale Speisen in gediegener Wirtshausatmosphäre im schmucken Fachwerkhaus. Natürlich gibt es hier das berühmte Köstritzer Schwarzbier aus Thüringen.

146 [II C3] **Scharfe Ecke** €-€€, Eisfeld 2, Tel. 202430, Mi–So 11–14 und 17–23 Uhr. Beste Küche zu angemessenen Preisen. Eine besondere Empfehlung sind die hausgemachten Klöße. Kleines Lokal, unbedingt vorab reservieren.

147 [II D2] **Zum Siechenbräu,** Ferdinand-Freiligrath-Straße 17, Tel. 903387, geöffnet: Di–Sa 17–24 Uhr. Rustikales, gemütliches Gasthaus mit deftiger Hausmannskost.

Gehobene Küche

148 [II C3] **Restaurant Anastasia** €€€, Goethepl. 2, www.restaurant-anastasia.info, Tel. 774814, geöffnet: Di–So 18–23 Uhr. Hervorragende Küche und

Gastro- und Nightlife-Areale

Bläulich hervorgehobene Bereiche in den Karten kennzeichnen Gebiete mit einem dichten Angebot an Restaurants, Bars, Klubs, Discos etc.

Restaurantkategorien

€	unter 10 €
€€	10–15 €
€€€	über 15 €

Die Preise gelten für ein Hauptgericht ohne Getränke.

vorbildlicher Service. Ein Restaurant zum Wohlfühlen und Genießen.

› **Restaurant AnnA** €€€, im Hotel Elephant (s. S. 131), www.hotelelephantweimar.de, Tel. 802639, geöffnet: Di–Sa 18.30–23.30 Uhr, im Juli/Aug. auch So. Das Gourmetrestaurant mit Michelin-Stern offeriert seinen Gästen ausgezeichnete kulinarische Köstlichkeiten. Chef de Cuisine ist der Italiener Marcello Fabbri.

149 [II D5] **Restaurant Bettina von Arnim** €€€, Beethovenpl. 1–2, https://hotel-weimar.dorint.com, Tel. 8720, geöffnet: tgl. 18–22.30 Uhr. Hervorragende Küche in historischem Ambiente.

Kulinarisches aus aller Welt

150 [II C3] **Anno 1900** €€, Geleitstr. 12 a, www.anno1900-weimar.de, Tel. 903571, geöffnet: tgl. 13–23 Uhr. Abwechslungsreiche Küche. Der Name ist Programm: Das Lokal ist wie um die Jahrhundertwende eingerichtet.

151 [II D4] **Giardino** €–€€, Oppelscher Garten, Seifengasse 60, www.giardino-weimar.de, Tel. 0151 50665437, April–Sept. 11–22.30 Uhr. Stilvolles Gartenlokal mit italienischen Klassikern. Hier kommen Antipasti, Pasta, Pizza und Fleisch auf den Tisch. In der bequemen Lounge kann man wunderbar entspannen.

152 [II D5] **Gretchens Restaurant & Café** €€, Seifengasse 8, https://gretchens-weimar.de, Tel. 4579877, geöffnet: Di–Sa 8–23, So/Mo 8–18 Uhr. Kulinarisch empfehlenswertes, entspanntes Restaurant im Familienhotel. Mit Dachterrasse.

062ew Abb.: ms

153 [II D3] **Restaurant India** €€, Schloßgasse 17–19, www.indisches-restaurant-weimar.de, Tel. 5618453, geöffnet: tgl. 11–14.30 und 17–23.30 Uhr. Ansprechendes Lokal mit schmackhaften indischen Gerichten. Besonders empfehlenswert ist das ausgezeichnete Naan.

154 [II C3] **San Restaurant** €€, Eisfeld 4, sanrestaurant.de, Tel. 258942, geöffnet: Di–So 12–22 Uhr. Köstliche koreanische Speisen, immer frisch zubereitet, und ausgefallene Tees. Gegessen wird teils von selbst getöpferter Keramik.

Cafés, Eiscafés und Bistros

› **ACC Café-Restaurant in der ACC Galerie** (s. S. 128), www.acc-cafe.de, Tel. 851161, geöffnet: tgl. 11–24, Sa/So ab 10 Uhr. Das ACC ist eine kulturell-kulinarische Institution in Weimar, und das nicht nur für Studenten. Viel Kunst und Kultur, delikate saisonale Gerichte, Kaffee- und Teespezialitäten, dazu Kuchen und Frühstücksangebote. Auf der schönen Terrasse lässt es sich aushalten.

155 [II C3] **Café-Laden,** Karlstr. 8, www.wohncafe.de, Tel. 495849, geöff-

Speisen mit Ambiente: zu Gast im Restaurant Anno 1900

EXTRATIPPS

Lecker vegetarisch

- **Anno 1900** (s. S. 123). Verschiedene leckere vegetarische Gerichte.
- **Crêperie du Palais** (siehe rechts). Crêpes in allen Variationen, auch vegane Speisen.

Dinner for one

Hier kann man entspannt für sich sein:

- **ACC Café-Restaurant** (s. S. 123)
- **C.Keller** (s. S. 130)
- **Residenz Café** (s. S. 125)

Lokale mit guter Aussicht

- **Frauentor Café und Restaurant** (siehe rechts). Hier kommt jeder vorbei: sehen und gesehen werden lautet die Devise in diesem Lokal im Weimarer Zentrum.
- **Residenz Café** (s. S. 125). Wunderbarer Blick auf den Grünen Markt 69 und das Stadtschloss 68.

Raucher willkommen

Zur allgemeinen Situation der Raucher s. S. 64.

- **C.Keller** (s. S. 130). Separater Raum für Qualmer.
- **roxanne cafebar** (s. S. 129). Bar mit Raucherlaubnis.

net: Mo–Sa 10–22 Uhr. Laden mit Café. Hier lassen sich ausgezeichnete Kaffees gustieren. Im Sommer gibt es eine Strandbar und einen Spielplatz für den Nachwuchs. Leckerer Kuchen, gutes Frühstück.

156 [II D3] **Café Caroline** €, Herderplatz 8, https://cafe-caroline.business.site, Tel. 0176 84347707, geöffnet: Di–Fr 11–15.30 Uhr. Charmantes Café mit Mittagstisch und leckerem Kuchen.

157 [II D4] **Coffee Namu,** Bornberg 5, geöffnet: Mo–Fr 11.30–18, Sa 12–17.30 Uhr. Modernes Kaffeehaus mit sehr gutem Kaffee, leckerem Kuchen, Waffeln und Sandwiches.

158 [II C4] **Crêperie du Palais,** Am Palais 1, www.creperie-weimar.de, Tel. 401581, geöffnet: tgl. 11–23 Uhr. Ob süß oder herzhaft: Im Angebot sind schmackhafte Crêpes und Galettes in allen Variationen.

159 [II C4] **Donndorf,** Rittergasse 12, Tel. 8554220, geöffnet: Di–Fr 9–17, Sa/So 10–18 Uhr. Dieses wunderbare Café am Donndorfbrunnen 80 besticht mit moderner Einrichtung in liebevoll restauriertem, altem Gemäuer. Der kleine Biergarten ist besonders bei herrlicher Abendsonne zu empfehlen.

160 [II D3] **Estragon Suppenbar,** Herderplatz 3, www.estragon-suppenbar.de, Tel. 908599, Mo–Fr 10–19, Sa 12–19 Uhr. Wer Suppen liebt, ist hier goldrichtig. Idealer Ort für eine kleine Stärkung. Direkt daneben befindet sich der Bio-Laden Rosmarin (s. S. 122).

161 [II C4] **Franz & Willi Burgerhaus,** Rittergasse 21, Tel. 4433069, http://franzundwilli.de, geöffnet: Di–Do 11.30–21, Fr 11.30–22, Sa 12–22, So 12–21 Uhr. Leckere Burger mit Zutaten aus der Region.

162 [II D4] **Frauentor Café und Restaurant,** Schillerstr. 2, www.cafe-frauentor.de, Tel. 511322, geöffnet: März–Okt. tgl. 9–23 Uhr. In dem bekannten Weimarer Café speist man im klassischen Kaffeehausambiente. Große Kuchenauswahl und gutes, bodenständiges Essen, zumeist regionale Gerichte. Hier kann man auch frühstücken.

163 [II C4] **Gelateria Giancarlo,** Schillerstr. 11, www.giancarlo-weimar.de, Tel. 804790, geöffnet: tgl. 9–20 Uhr. Sehr leckeres Eis in riesiger Auswahl, dazu überzeugende Kuchenkreationen und schmackhaftes Frühstück.

164 [II D3] **La Tarte**, Jakobstr. 5–7 bzw. 10, www.latarte.eu, Tel. 2117326, Bistro: Mo–Sa 17.30–22, So 11.30–15 Uhr, Café: Di–So 11–18 Uhr. Bistro mit französischen Spezialitäten und ein lauschiges Café gleich um die Ecke.

165 [II D4] **Residenz Café**, Grüner Markt 4, www.residenz-cafe.de, Tel. 59408, geöffnet: tgl. 8–23 Uhr. Das „Resi" ist das Traditionscafé schlechthin in Weimar. Gute Küche, Gebäck und Frühstücksangebote. Gut besucht; zu den Stoßzeiten wird es zuweilen voll.

Informationsquellen

Infostellen in der Stadt

166 [II D4] **Tourist-Information Weimar**, Markt 10 (wegen Sanierung derzeit in der Marktstr. 20 ca. 150 m weiter zu finden), Tel. 03643 7450, www.weimar.de, geöffnet: April–Dez. Mo–Sa 9.30–18, So 9.30–14 Uhr, Jan.–März Mo–Fr 9.30–17, Sa/So 9.30–14 Uhr. Prospekte und Bücher, Tickets für Stadtführungen und die weimar card (s. unten). Außerdem Vermittlung von Unterkünften.

Weimar im Internet

- **www.weimar-tourist.de** – alle touristischen Informationen für Weimar-Gäste, Hotelbuchungen und Gastronomietipps
- **www.klassik-stiftung.de** – ausführliche Infos zu den einzelnen Sehenswürdigkeiten der Klassik Stiftung Weimar
- **www.weimar-lese.de** – interessante Hintergrundinfos zu Gebäuden, Denkmälern und Persönlichkeiten der Stadt
- **www.weimarpedia-kids.de** – Weimar speziell für Kinder, mit interaktiver Karte und kindgerechten Stadtinfos
- **zeitsprung.animaux.de** –vergleichende Fotos des alten und heutigen Weimar

Weimar preiswert

- *Die* ***weimar card*** *ist 48 Std. gültig und bietet* ***freien Eintritt in die meisten Museen*** *Weimars,* ***kostenlose Busfahrten sowie*** *Rabatte auf Angebote wie Stadtrundfahrten und Theater. Preis: 32,50 €. Die Karte ist erhältlich in der Tourist-Information (s. oben) oder auf www.weimar.de/shop.*
- *Weimars* ***Kirchen*** *lassen sich kostenlos besichtigen, ebenso die zahlreichen* ***Parks*** *der Stadt.*
- *Auch in der* ***Albert-Schweitzer-Gedenk- und Begegnungsstätte*** *(s. S. 126) und dem* ***Ginkgo Museum*** *(s. S. 126) ist der Eintritt frei.*

Meine Literaturtipps

- *Haufe, Rüdiger (Hrsg.).* ***Macht aus dem Staat Gurkensalat,*** *wjs Verlag, 2011. Ein hochinteressantes Buch über die aufmüpfige, unangepasste Jugend im untergehenden Sozialismus.*
- *Kirsten, Jens.* ***Weimar literarisch,*** *Aufbau Verlag, 2013. Literarische Spaziergänge durch die Stadt und viel Wissenswertes über Weimars Geschichte.*
- *Mann, Thomas.* ***Lotte in Weimar,*** *Fischer TB, 2012. Der Weimarer Goethe-Roman schlechthin. Stil- und humorvoll inszenierte Begegnung Lottes mit Goethe.*
- *Merseburger, Peter.* ***Mythos Weimar. Zwischen Geist und Macht,*** *dtv, 2000. Von Klassik bis Bauhaus, von Buchenwald bis DDR: Das interessante Buch stellt die verschiedenen, vielfältigen Gesichter Weimars vor.*

Weimar-Apps

- **Zwiebelmarkt:** Programmplaner, Karte und historische Fotos zum Weimarer Zwiebelmarkt (kostenlos für Android und iOS)
- **Buchenwald:** der Begleiter für einen interaktiven Rundgang mit Bildern, Zeitzeugenberichten und GPS-Funktion (kostenlos für Android und iOS)
- **Zeitfenster:** Zeitreise in die Weimarer Geschichte (kostenlos für Android und iOS)
- **Bauhaus+:** moderne Multimedia-App zum neuen Bauhaus-Museum (kostenlos für Android und iOS)

Internet

- **roxanne cafebar** (s. S. 129). Die gemütliche Szenebar am Markt 57 ist auch ein Internetcafé. Es gibt drei Rechner mit Internetanschluss.
- **WLAN-Hotspots** bieten z. B. das Shoppingcenter **Weimar Atrium** (s. S. 121) und das **ACC Café-Restaurant** (s. S. 123). Öffentliches WLAN auf dem Goetheplatz.

Kunst und Museen

Museen

167 [II D3] **Albert-Schweitzer-Gedenk- und Begegnungsstätte,** Kegelpl. 4, www.albert-schweitzer-weimar.de, Tel. 202739, geöffnet: Mai–Okt. Mo–Fr 11–17, Sa/So nach Vereinbarung, Nov.–April Mo–Fr 11–16 Uhr. Eintritt: frei. Die Ausstellung informiert anschaulich über Leben und Werk des Arztes, Theologen und Afrikareisenden Albert Schweitzer, der 1952 den Friedensnobelpreis erhielt.

83 [II C2] **Bauhaus-Museum.** Die neue Ausstellung gibt einen guten Überblick über das Schaffen und die Köpfe des Weimarer Bauhauses, bevor es nach Dessau übersiedelte (s. S. 109).

91 **Deutsches Bienenmuseum.** Interessantes Museum über das Bienenvolk und die Methoden der Honiggewinnung (s. S. 115).

96 **Gedenkstätte Buchenwald.** Erinnerung und Gedenken an die Barbarei im KZ Buchenwald und im sowjetischen Speziallager anhand authentischer Zeugnisse (s. S. 118).

168 [II D4] **Ginkgo Museum,** Windischenstr. 1, www.ginkgomuseum.de, Tel. 805452, geöffnet: tgl. 10–17, Sa/So 10–15 Uhr , Eintritt frei. Dieses kleine, informative Museum im Ginkgo-Haus hat sich ganz der Geschichte des „lebenden Fossils", des ältesten Baumes der Welt, gewidmet. Einkaufen kann man im GinkgoShop (s. S. 121), übernachten in den Ginkgo Appartements (s. S. 132).

75 [II E3] **Goethe- und Schiller-Archiv.** Das älteste Literaturarchiv Deutschlands verwahrt die Nachlässe von Goethe, Schiller und vielen weiteren berühmten Deutschen, etwa Wieland, Büchner und Bettina von Arnim (s. S. 106).

65 [II F5] **Goethes Gartenhaus.** Goethes Rückzugsort und Musenhaus liegt mitten im idyllischen Park an der Ilm (s. S. 99).

59 [II D5] **Goethes Wohnhaus und Goethe-Nationalmuseum.** Hier lebte, arbeitete und starb Goethe; der Besucher kann hier in die Zeit der Weimarer Klassik (s. S. 94) eintauchen (s. S. 93).

66 [II F6] **Haus Am Horn.** Musterhaus des Weimarer Bauhauses (s. S. 100).

92 **Haus Hohe Pappeln.** Original erhaltenes Wohnhaus des Bauhaus-Architekten Henry van de Velde (s. S. 115).

63 [II E4] **Herzogin Anna Amalia Bibliothek.** Im beeindruckenden Rokokosaal hat die deutsche Literatur eine angemessene Heimstätte gefunden – nach dem verheerenden Brand 2004 wurde die Bibliothek umfassend renoviert (s. S. 96).

72 [II D3] **Kirms-Krackow-Haus.** Bürgerliches Wohnhaus des 18./19. Jh. mit Hausgarten und beschaulichem Laubengang (s. S. 104).

169 [II C3] **Kunsthalle „Harry Graf Kessler“,** Goethepl. 9 b, www.stadtmuseum.weimar.de (Menü links), Tel. 499519, geöffnet: Di–So 10–17 Uhr, Eintritt: 3 €. Die Kunsthalle zeigt Sonderausstellungen im ehemaligen Großherzoglichen Museum. Kombikarte mit dem Stadtmuseum Weimar 81 erhältlich.

90 [II D6] **Liszt-Haus.** Im einstigen Wohnhaus des Klaviervirtuosen sind Liszts Wohn- und Arbeitsräume samt Flügel zu besichtigen und seine Briefe und Manuskripte ausgestellt (s. S. 114).

74 [II D3] **Marstall.** Ausstellung zur Geschichte der einstigen Gestapo-Zentrale und begehbare Skulptur (s. S. 105).

170 [II C5] **Museum für Ur- und Frühgeschichte Thüringens,** Humboldtstr. 11, Tel. 818331, geöffnet: Di 9–18, Mi–Fr 9–17, Sa/So 10–17 Uhr, Eintritt: 3,50 €. Aufschlussreiches Museum über die Kulturgeschichte Thüringens seit der Steinzeit.

85 [II C1] **Neues Museum Weimar.** Werke aus der Zeit des Jugendstils und des Impressionismus. Herausragend ist die Rauminstallation „Konzert für Buchenwald“ in einer Außenstelle des Museums (s. S. 111).

171 [II A7] **Nietzsche-Archiv,** Humboldtstr. 36, Tel. 545400, www.klassik-stiftung.de (unter „Einrichtungen“/“Museen“), geöffnet: Ende März–Dez. Di–So 11–17 Uhr, Eintritt: 3,50 €. In dem von van de Velde gestalteten Haus starb der Philosoph Friedrich Nietzsche am 25. August 1900. Zu sehen sind u. a. die vollständig erhalten gebliebenen Privaträume samt Einrichtung. Ein Raum widmet sich der Nietzsche-Verehrung der Nationalsozialisten.

172 [II C3] **Palais Schardt,** Scherfgasse 3, www.goethepavillon.de, Tel. 902279, geöffnet: März–Okt. Di und Do–Sa 13–16, Nov./Dez. Di/Fr/Sa 13–16, Jan./Feb. Fr/Sa 13–16 Uhr, Eintritt: 3 €. Das Elternhaus der Charlotte von Stein beherbergt heute eine Scherenschnitt-, Puppenstuben- und Puppenausstellung, ferner einen Festsaal, Duftgarten und Goethepavillon. Angegliedert ist das kleine Café Charlotte.

173 [II C3] **Pavillon-Presse Weimar,** Scherfgasse 5, www.pavillon-presse.de, Tel. 53544, geöffnet: Mo und Fr 13–17 Uhr, Eintritt: 3 €. Das Museum präsentiert historische Maschinen und Drucktechniken. Es werden Führungen, Kurse und Schaudrucke angeboten.

67 [II E7] **Römisches Haus.** Sehenswerte, im antiken Stil erbaute Sommerresidenz von Herzog Carl August im pittoresken Park an der Ilm (s. S. 100).

56 [II C4] **Schillers Wohnhaus und Schiller-Museum.** Nahezu original erhaltenes Wohnhaus des Dichters, in dem Werke wie „Wilhelm Tell“ entstanden (s. S. 89).

174 [II C4] **Schirmmuseum,** Rittergasse 19, Tel. 903363, geöffnet: Mo–Fr 9–18, Sa 10–14 Uhr. In dem kuriosen Museum ist eine private Sammlung von Schirmen, zumeist aus dem Rokoko und dem Biedermeier, zu besichtigen.

93 **Schloss und Park Belvedere.** In den Räumlichkeiten des Schlosses ist ein Museum für Kunsthandwerk untergebracht. Ein Schwerpunkt ist z. B. Porzellan (s. S. 115).

94 **Schloss und Park Tiefurt.** Skulpturen, Büsten und Gemälde in den Räumen der herzoglichen Sommerresidenz (s. S. 117).

81 [II C3] **Stadtmuseum Weimar im Bertuchhaus.** Informative Dauerausstellung zur Geschichte der Stadt von der Goethe- bis zur Wendezeit, Sonderausstellungen, Museumsshop (s. S. 109).

68 [II E7] **Stadtschloss mit Schlossmuseum.** Die einstigen Gesellschaftsräume der Großherzogin Maria Pawlowna beeindrucken mit ihrer klassizistischen Gestaltung. Auch die großherzogliche Kunstsammlung ist sehenswert (s. S. 101).

175 [II C4] **Weimar Haus,** Schillerstr. 16, www.weimarhaus.de, Tel. 901890, geöffnet: Apr.–Sept. tgl. 9.30–18, Okt.–März tgl. 9.30–17.30 Uhr, Eintritt: 7 €. Eine 30-minütige multimediale Wanderung durch die Geschichte Weimars, ergänzt durch Wachsfiguren, Kulissen und Lichteffekte.

54 [II C4] **Wittumspalais.** Einblick in das Leben und die herzogliche Wohnkultur des 18. Jh. Hier musizierte, malte, komponierte und diskutierte die überaus kulturinteressierte Anna Amalia (s. S. 88).

Kunstgalerien

176 [II D4] **ACC Galerie Weimar,** Burgpl. 1/2, www.acc-weimar.de, Tel. 851261, geöffnet: täglich 12–18, Fr/Sa bis 20 Uhr, Eintritt: 3 €. Innovative Galerie und Kulturzentrum mit sehenswerten zeitgenössischen Ausstellungen deutscher und internationaler Künstler. Auch Theateraufführungen und Konzerte finden hier statt.

› **Galerie Markt 21 im C.Keller** (s. S. 130), Markt 21, www.c-keller.de, Tel. 502755. Malerei, Fotografie, Multimedia, Rauminstallationen – hier stellen regionale und internationale Künstler der Gegenwart aus.

Mit Kindern unterwegs

Im **Park an der Ilm** 64 laden die Wiesen, Grotten und Ruinen zum Entdecken ein. **Spielplätze** befinden sich am Poseckschen Garten [II C6] vor dem Historischen Friedhof 88 und an der Jakobskirche 77, außerdem in der Schubertstraße [II A–C5] zwischen Trierer Straße und Mozartstraße. **Klettern** kann der Nachwuchs prima auf dem **„Versunkenen Riesen“**, einer beliebten Skulptur am Frauenplan 58.

Für Kinder ab sieben Jahren ist das **Weimar Haus** (s. links) mit seiner kurzen, multimedialen Einführung in Weimars Geschichte interessant. Lohnenswert sind außerdem das **Deutsche Bienenmuseum** 91 sowie das **Museum für Ur- und Frühgeschichte Thüringens** (s. S. 127). Ein Rundgang durch das Stadtschloss mit **Schlossmuseum** 68 eignet sich für Kinder ab etwa sechs Jahren.

Schillers Wohnhaus 56 bietet freitags und sonntags ein eigenes Kinderprogramm und jeden Samstag um 14 Uhr eine Kinderführung an. **Goethes Wohnhaus** 59 stellt eigene Audioguides für Kinder zur Verfügung. Sämtliche Museen der Klassik Stiftung Weimar sind für Kinder unter 16 Jahren **kostenfrei** zu besichtigen.

Ein **Kinderstadtführer** ist in der Tourist-Information (s. S. 125) erhältlich. Auch Rundfahrten mit dem **Belvedere-Express** (s. S. 129) und der **Kutsche** begeistern die Kleinen. Freunde des unterhaltsamen **Kindertheaters** werden hier fündig:

177 [II D4] **Galli Theater,** Windischenstr. 4–6, www.galli.de, Tel. 778251, Tickets: 7 €, erm. 5 €. Kinderprogramm jeden Sa und So; auf dem Spielplan stehen viele Märchen.

Notfälle

› **Polizei:** 110
› **Servicenummer des ärztlichen Notdienstes:** Tel. 0800 825252
› **Notfallzentrum Weimar:** Tel. 03643 571000

› **Notdienstplan der Apotheken:** Dieser hängt an allen Apotheken aus, beispielsweise an der Hofapotheke, Markt 4 [II D4].

Radfahren

Weimar lässt sich **hervorragend mit dem Fahrrad** erkunden. In Richtung der Schlösser Belvedere 93 und Tiefurt 94 sind jedoch einige Anstiege zu überwinden. Hier kann man sich ein **Rad ausleihen:**

- 178 [II C3] **Fahrradverleih der Grünen Liga,** Goethepl. 9 b, Tel. 492796, geöffnet: ab April Mo–Fr 9–15, Sa 9–12 Uhr, Kosten: 9 €/Tag

Stadttouren

Studenten bieten Spezialführungen zum **Thema Bauhaus** an (s. S. 114). Die **Tourist-Information Weimar** (s. S. 125) hat thematische Touren, Kostümführungen und verschiedene Rundgänge im Angebot, im Sommer auch **Kutschfahrten** und Rundfahrten mit dem **Belvedere-Express,** einem historischen Bus aus den 1920er-Jahren. Tickets sind direkt in der Tourist-Information (Buchung über Tel. 03643 7450) erhältlich. Details:

› **Belvedere-Express:** Apr.–Okt. Mo–Sa 10.30, 13, 15 und 17, So 11 und 13.30 Uhr, Abfahrtzeiten Nov.–März s. Website www.belvedere-express.de, Preis: 18 €, Sa/So 20 €. Tour im Sommer inkl. Führung im Schloss und Park Belvedere 93, Abfahrt und Endpunkt: Hotel Elephant (s. S. 131) am Markt 57

Unterhaltung, Nachtleben

In Weimar kann man alles erwarten: von **legerer, italienisch anmutender Ausgeh-Atmosphäre** bis hin zur **„Stadt der toten Dichter“.** Es kommt ganz auf die Jahreszeit und den Tag an – und nicht zuletzt auf die Anzahl an auswärtigen Gästen, die der Stadt gerade einen Besuch abstatten.

Neben den in der folgenden Liste genannten Locations empfehlen sich für den Abend auch das **Residenz Café** (s. S. 125) und das **ACC Café-Restaurant** (s. S. 123).

Kneipen, Bars und Biergärten

- 179 [II D4] **Havanna Club,** Schloßgasse/Burgpl. 2, www.havanaclub-weimar.de, Tel. 805588, geöffnet: tgl. ab 18 Uhr. Die ausgesprochen angenehme Bar atmet das Flair Lateinamerikas. Ideal zum Zurücklehnen und Chillen. Reiche Auswahl an köstlichen Cocktails.
- 180 **Loft Tapas & Meer,** Carl-August-Allee 12, www.loft-weimar.de, Tel. 776437, geöffnet: tgl. 17–mind. 3 Uhr. Diese schicke Wohlfuhlbar in altem Gemäuer mit schönem Biergarten serviert exzellente Tapas und hervorragende Cocktails.
- 181 [II D2] **Planbar,** Jakobsplan 6, www.planbar-we.de, Tel. 502785, geöffnet: tgl. ab 18 Uhr. Etwas schummrige, studentisch geprägte Bar zum gemütlichen Abhängen. Man trinkt Bier, Cider und Cocktails an einfachen Holztischen. Oft legen DJs auf.
- 182 [II D4] **roxanne cafebar,** Markt 21, Tel. 800194, www.markt21.org/roxanne, geöffnet: Mo–Fr ab 11, Sa ab 13 Uhr (Okt–Apr. ab 14), So ab 14 Uhr. Gemütliche, urige Szenebar direkt am Markt 57. Die Bar ist gleichzeitig Café und Internetcafé. Es darf geraucht werden.
- 183 [II D1] **Smuggler's Irish Pub,** Friedrich-Ebert-Str. 2, www.smugglers-pub.de, Tel. 0176 70276309, geöffnet: tgl. ab 18 Uhr. Etwas abseits der Innenstadt gelegen, dafür authentisch irisch. Häufig Livemusik und ab und zu Whiskey-Tastings.

184 [II D5] **Zum Goethebrunnen,** Frauenplan 13, www.goethebrunnen-weimar.de, Tel. 902226, geöffnet: tgl. 11–1 Uhr. Typische Weimarer Bierstube in einem der ältesten Häuser am Frauenplan 58 mit rustikaler Thüringer Küche.

Livemusik, Klubs und Discos

185 [II D4] **C.Keller,** Markt 21, www.c-keller.de, Tel. 502755, geöffnet: tgl. ab 21 Uhr, Eintritt: frei. Klub und Bar im alten Kellergewölbe. Neben Konzerten – Jazz, Soul, Ska, Singer-Songwriter etc. – gibt es ein täglich wechselndes DJ-Programm. Im OG lädt eine Teestube für die Nachmittagsstunden (tgl. ab 16 Uhr) zum Entspannen ein. Angeschlossen ist auch die Galerie Markt 21 (s. S. 128).

186 [II C3] **Kasseturm,** Goetheplatz 10, www.kasseturm.de, Tel. 851670. Der wohl bekannteste Studentenklub der Stadt, der sich großer Beliebtheit erfreut. Regelmäßig sehr gute Konzerte, außerdem Partys und sonntags gemeinsames „Tatort"-Gucken.

187 [II C3] **mon ami,** Goetheplatz 11, www.monami-weimar.de, Tel. 847745. Alternatives Kulturzentrum mit Konzerten von Folk bis Rock, aber auch Theater, Comedy und Kino (s. unten).

Theater, Konzerte und Kino

52 [II C4] **Deutsches Nationaltheater.** Eines der renommiertesten Theater Deutschlands. Moderne wie auch traditionelle Inszenierungen.

› **Kino im mon ami** (s. oben). Eintritt: 6 €, Kinder 3 €. Bekanntes Programmkino mit Klassikern der Filmgeschichte und Kinderprogramm.

188 [II D2] **Lichthaus Kino,** Am Kirschberg 4, www.lichthaus.info. Gezeigt werden anspruchsvolle und weniger bekannte, aktuelle Filme an einem ungewöhnlichen Ort: dem ehemaligen Straßenbahndepot. Im Sommer Open-Air-Kino.

189 [II D4] **Theater im Gewölbe,** Markt 11, www.theater-im-gewoelbe.de, Tel. 777377. Theater im Cranach-Haus. In den Stücken werden das Leben und Schaffen von Goethe und Schiller thematisiert. Außerdem gibt es eine Tanzschule im Gebäude.

82 [II C2] **Weimarhalle und Weimarhallenpark.** Musikaufführungen und Messen, teils auch Open-Air-Konzerte im Park.

Unterkunft

In Weimar fällt eine Bettensteuer von 0,75 € bis 2 €/Nacht an, die zusätzlich zum Übernachtungspreis gezahlt werden muss.

Hotels

Alle gelisteten Hotels bieten **WLAN-Hotspots** an.

190 [II B5] **Alt Weimar** €€€, Prellerstr. 2, Bus 1, 2, 5, 6, 8 bis Gropiusstr., www.alt-weimar.de, Tel. 86190. **Klassische Moderne:** restauriertes Haus mit zeitgemäß eingerichteten, ansprechenden Zimmern, in denen schon der Anthroposoph Rudolf Steiner wohnte. Original erhalten sind die Jugendstilfenster und Holzvertäfelungen. Preisgekröntes Restaurant.

191 [II D5] **Dorint Am Goethepark** €€€€, Beethovenplatz 1/2, Bus 1, 5, 6, 8 bis Wielandplatz, http://hotel-weimar.dorint.com, Tel. 8720. **Stilvoll wohnen:** 4-Sterne-Superior-Hotel in zwei alten Villen mit modernem Anbau. Komfortable, helle Zimmer und gutes Frühstück. Auch ideal für Familien. Zusätzlich gibt es ein Spa, Massagen und Sauna.

192 [II C3] **Grand Hotel Russischer Hof** €€€€, Goetheplatz 2, Bus: alle Linien bis Goetheplatz, www.russischerhof-weimar.de, Tel. 7740. **Klassische Eleganz im Zentrum:** elegantes 5-Sterne-Hotel, das heute zur Best-Western-Gruppe gehört. Ein traditionsreiches Haus mit

entsprechenden Preisen. Gehobenes Restaurant und Wiener Caféhaus.

193 Hotel-Café Kipperquelle, Kippergasse 20, Ehringsdorf, Bus 1 bis Ehringsdorf, www.kipperquelle-weimar.de, Tel. 808888. **Biohotel in ländlicher Lage:** biozertifiziertes Hotel ca. 4 km südlich des Zentrums. Ideal für Fahrradfahrer, da am Ilmtal-Radweg gelegen. Das lauschige Café serviert leckeren selbst gebackenen Kuchen.

194 [II C4] **Hotel „Am Frauenplan"** €€€, Brauhausgasse 10, Bus 1, 5, 6, 8 bis Wielandpl., www.hotel-am-frauenplan.de, Tel. 49440. **Ideal zentral:** einladendes 3-Sterne-Hotel mit einfachen, aber guten Zimmern. Zentrale, dennoch ruhige Lage. Im hübschen Innenhof befindet sich ein gutes Restaurant.

195 [II C5] **Hotel Amalienhof** €€€€, Amalienstr. 2, Bus 1, 5, 6, 8 bis Wieland platz, www.amalienhof-weimar.de, Tel. 5490. **Zentral gelegen:** 3-Sterne-Hotel mit stilvoll möblierten Zimmern. Schöne Dachterrasse, reichhaltiges Frühstück.

196 [II C3] **Hotel Anna Amalia** €€€, Geleitstr. 8–12, Bus: alle Linien bis Goetheplatz, www.hotel-anna-amalia.de, Tel. 49560. **Zum Wohlfühlen:** familiengeführtes 3-Sterne-Hotel mit günstigen Preisen. Empfehlenswert.

197 [II D4] **Hotel Elephant** €€€€, Markt 19, Bus 1, 5, 6, 8 bis Wielandplatz, www.hotelelephantweimar.com, Tel. 8020. **Geschichte trifft auf Eleganz:** 5-Sterne-Hotel mit langer Tradition. Der Gast hat die Wahl zwischen einem Standardzimmer und einer von sieben nach Persönlichkeiten wie Thomas Mann benannten Suiten. Das Haus ist etwas in die Jahre gekommen (nicht alle Zimmer sind renoviert), bietet aber ein reichhaltiges Frühstück und eine hervorragende Küche. Mit Bar und Bibliothek.

198 Romantik Hotel Dorotheenhof €€€€, Dorotheenhof 1, Bus 7 bis Umspannwerk, www.dorotheenhof.com, Tel. 4590. **Klassisch gut:** 4-Sterne-Hotel 4 km nördlich der Innenstadt, das mit einer idyllischen Lage mitten im Park und reizvoll ausgestatteten Zimmern aufwartet. Behagliches Kaminzimmer, erstklassiges Restaurant und Sauna.

Preiskategorien Unterkünfte

Preis für ein Doppelzimmer mit Frühstück:

€	bis 50 €
€€	50–75 €
€€€	75–100 €
€€€€	über 100 €

Der berühmte Balkon des Hotel Elephant am Markt 57

063ew Abb.: ms

Pensionen und Gästehäuser

199 [II D4] **Hotel-Pension am Goethehaus**€€€, Frauentorstr. 13, Bus 1, 5, 6, 8 bis Wielandplatz, www.pension-am-goethehaus.de, Tel. 516879. **Wohnen „bei" Goethe:** moderne, geräumige Zimmer in Pastellfarben, außerdem stehen zwei hübsche Ferienwohnungen zur Verfügung. Frühstück ist im Preis inbegriffen. WLAN-Hotspot.

200 [II B4] **Hotel-Pension Am Theater**€€, Erfurter Str. 10, Bus 3 bis Erfurter Str., www.pension-am-theater.de, Tel. 88940. **Zentral und günstig:** gepflegte Zimmer, ausgezeichnetes Preis-Leistungs-Verhältnis.

Ferienwohnungen

201 **Am Lottenbach** €€, Paul-Schneider-Str. 63, Bus 3 bis Damaschkestr., www.weimar-reise.de, Tel. 205920. **Individueller Charme:** ansprechend gestaltete Apartments in harmonischen Farben, mit Parkett, Dielen und alten Möbeln. Ein Haus zum Wohlfühlen. Lage: ca. 3 km westlich des Zentrums.

202 [II B2] **Asbach Appartements** €€€, Asbachstr. 10 a, Bus 7 bis Ernst-Thälmann-Str., www.asbach-appartements-weimar.de, Tel. 211079. **Stilvoller Komfort:** 3-Sterne-Ferienwohnungen in einer alten, denkmalgeschützten Villa. Teils antikes, aufgearbeitetes Mobiliar. Jugendstilgarten hinter dem Haus. WLAN-Hotspot.

203 [II A3] **Design Apartments Weimar** €€€-€€€, Fuldaer Str. 85, Bus 3, 7 bis Mozartstr., www.hier-war-goethe-nie.de, Tel. 217149. **Wo der Name Programm ist:** zwei schmucke, stilvoll eingerichtete Wohnungen mit dem gewissen Etwas. Genau das Richtige für Designfans.

204 [II D5] **Familienhotel Weimar** €€€€, Seifengasse 8, Bus 1, 5, 6, 8 bis Wielandplatz, www.familienhotel-weimar.de, Tel. 4579888. **Für Familien ideal:** Unterkunft im Holzhaus mit vier 1- bis 3-Zimmer-Wohnungen, alle mit Balkon. Schlichtes, geschmackvolles Ambiente. Kleines Restaurant.

› **Ginkgo Appartements über dem Ginkgo Museum** (s. S. 126) €€, www.ginkgo-ferien.de. **Gut wohnen am Markt:** zeitgemäße Ferienwohnungen, direkt am Markt 57, mit Platz für 2–6 Pers. WLAN-Hotspot.

Jugendherbergen und Hostels

205 **DHJ-Jugendherberge „Germania"** €, Carl-August-Allee 13, Bus 2, 3, 6 bis Carl-August-Allee, Tel. 850490. **Einfach wohnen:** gute Jugendherberge in der Nähe des Hbf. Neben Gemeinschaftszimmern gibt es auch neun Zimmer mit separatem Bad. DZ ab 57 €, Bett ab 26 €.

206 [II C3] **Labyrinth Hostel** €, Goethepl. 6, Bus: alle Linien bis Goetheplatz, www.weimar-hostel.com. Tel. 811822. **Gemütlich und günstig:** Hostel mit von Weimarer Künstlern individuell gestalteten Zimmern. DZ ab 40 €, Bett ab 13 €.

Verkehrsmittel

In Weimar verkehren **Stadtbusse.** Zentraler Busknotenpunkt ist der **Goetheplatz** 78. **Fahrscheine** sind am Goetheplatz, in der Tourist-Information (s. S. 125) und am Bahnhof (s. S. 120) erhältlich.

• 207 [II C3] **Kundencenter am Goetheplatz (Pavillon),** Tel. 434170, geöffnet: Mo–Fr 7–18, Sa 9–13 Uhr.

› **Ticketpreise:** 4-Fahrten-Karte 6,80 €, Tageskarte 5,40 €, Gruppentageskarte 10,50 €. Infos zum ÖPNV: https://sw-weimar.de/swg/verkehr.

Blick auf den Erfurter Fischmarkt 6

ANHANG

080ew Abb.: ms

Register

Humorvolles aus dem

Reise Know-How Verlag

Amüsant und sachkundig.
Locker und heiter.
Ironisch und feinsinnig.

Die Fremdenversteher

Deutsche Ausgabe der englischen Xenophobe's® Guides.

Mit typisch britischem Humor werden Lebensumstände, Psyche, Stärken und Schwächen der Deutschen unter die Lupe genommen.

Die Fremdenversteher

Weitere Titel der Reihe: So sind sie, die ...

- Amerikaner
- Australier
- Belgier
- Engländer
- Franzosen
- Isländer
- Italiener
- Japaner
- Niederländer
- Österreicher
- Polen
- Schweden
- Schweizer
- Spanier

Je 108 Seiten | € 8,90 [D]

www.reise-know-how.de

Der Autor

Der Autor **Martin Schmidt** wurde in Erfurt geboren. Früh beschäftigte er sich mit der Geschichte und den Sehenswürdigkeiten seiner Heimatstadt und des Umlandes. Das Studium der Geografie führte ihn später nach Halle (Saale), wo er seit 1993 lebt und arbeitet. Aus Interesse an seiner Heimat reist er regelmäßig zurück nach Thüringen. Besonders faszinierend ist für ihn dabei die dynamische Entwicklung der beiden ungleichen Nachbarstädte zu touristischen Zentren, mit historischen Gebäuden und schicken Läden auf der einen Seite und dem Geist der Klassik auf der anderen.

Für den Reise Know-How Verlag verfasste er auch die CityTrip-Bände „Oslo" und „Bergen", den InselTrip „Lofoten" sowie die Reiseführer „Norwegen" und „Südnorwegen".

Schreiben Sie uns

Dieses Buch ist gespickt mit Adressen, Preisen, Tipps und Daten. Unsere Autoren recherchieren unentwegt und erstellen alle zwei Jahre eine komplette Aktualisierung, aber auf die Mithilfe von Reisenden können sie nicht verzichten. Darum: Teilen Sie uns bitte mit, was sich geändert hat oder was Sie neu entdeckt haben. Gut verwertbare Informationen belohnt der Verlag mit einem Sprachführer Ihrer Wahl aus der Reihe „Kauderwelsch".

Kommentare übermitteln Sie am einfachsten, indem Sie die Web-App zum Buch aufrufen (s. S. 144) und die Kommentarfunktion bei den einzelnen auf der Karte angezeigten Örtlichkeiten oder den Link zu generellen Kommentaren nutzen. Wenn sich Ihre Informationen auf eine konkrete Stelle im Buch beziehen, würde die Seitenangabe uns die Arbeit sehr erleichtern. Unsere Kontaktdaten entnehmen Sie bitte dem Impressum.

Impressum

Martin Schmidt

CityTrip Erfurt und Weimar

© Reise Know-How Verlag
Peter Rump GmbH 2014, 2016, 2018

4., neu bearbeitete und aktualisierte Auflage 2019

Alle Rechte vorbehalten.

ISBN 978-3-8317-3295-1

Printed in Germany

Druck und Bindung:
mediaprint solutions GmbH, Paderborn

Herausgeber: Klaus Werner
Layout: amundo media GmbH (Umschlag, Inhalt), Peter Rump (Umschlag)
Lektorat: amundo media GmbH
Karten: Ingenieurbüro B. Spachmüller, amundo media GmbH
Anzeigenvertrieb: KV Kommunalverlag GmbH & Co. KG, Alte Landstraße 23, 85521 Ottobrunn, Tel. 089 928096-0, info@kommunal-verlag.de
Kontakt: Osnabrücker Str. 79, 33649 Bielefeld, info@reise-know-how.de

Alle Angaben in diesem Buch sind gewissenhaft geprüft. Preise, Öffnungszeiten usw. können sich jedoch schnell ändern. Für eventuelle Fehler übernehmen Verlag wie Autor keine Haftung.

Bildnachweis
Umschlagvorderseite: fotolia.com by adobe©bildermacher_tom
Umschlagklappe und Seite 2: Martin Schmidt (der Autor)
Soweit ihre Namen nicht vollständig am Bild vermerkt sind, stehen die Kürzel an den Abbildungen für die folgenden Fotografen, Firmen und Einrichtungen. Martin Schmidt: ms | fotolia.com by adobe: fo | wikipedia.org: wp

Liste der Karteneinträge

Erfurt (Karte I)

Weimar (Karte II)

Zeichenerklärung

- Hauptsehenswürdigkeit
- Bar, Klub, Treffpunkt
- Bibliothek
- Biergarten, Pub, Kneipe
- Café, Eiscafé
- Denkmal
- Freibad
- Galerie
- Geschäft, Kaufhaus, Markt
- Hotel, Unterkunft
- Hallenbad
- Imbiss, Bistro
- Informationsstelle
- Jugendherberge, Hostel
- Kino
- Kirche
- Museum
- Musikszene, Disco, Klub
- Parkplatz
- Pension, Bed & Breakfast
- Restaurant
- • Sonstiges
- Synagoge
- Theater
- Straßenbahn-Halt
- Shoppingareal
- Gastro- und Nightlife-Areal
- Stadtspaziergänge (s. S. 17 und S. 82)

Hier nicht aufgeführte Nummern liegen außerhalb der abgebildeten Karten. Ihre Lage kann aber wie die von allen Ortsmarken im Buch mithilfe der Web-App angezeigt werden (s. S. 144).

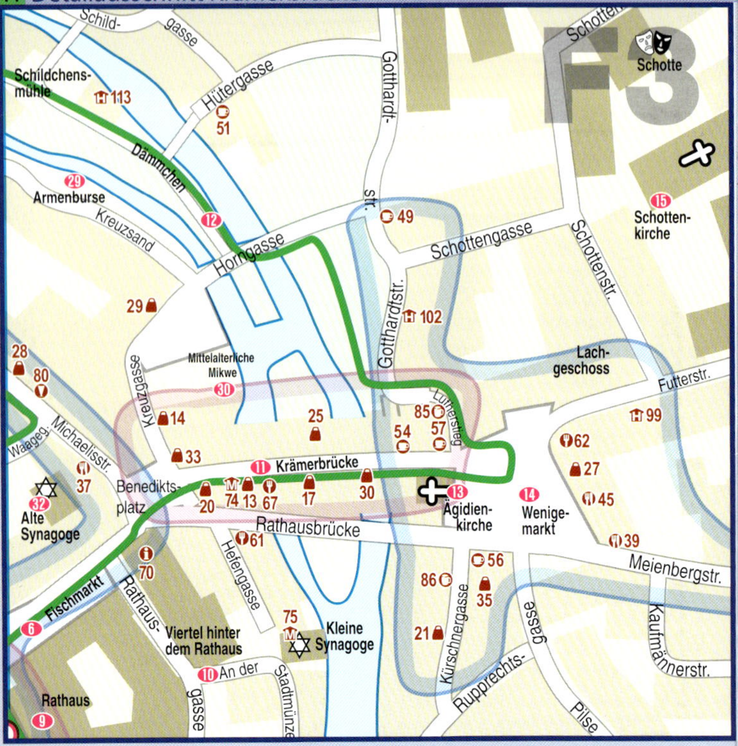

Erfurt und Weimar mit PC, Smartphone & Co.

QR-Code auf dem Umschlag scannen oder **www.reise-know-how.de/citytrip/erfurt19** eingeben und die **kostenlose Web-App** aufrufen (Internetverbindung zur Nutzung nötig)!

★**Anzeige der Lage und Satellitenansicht aller** beschriebenen Sehenswürdigkeiten und weiteren Orte

★**Routenführung** vom aktuellen Standort zum gewünschten Ziel

★**Exakter Verlauf** der empfohlenen Stadtspaziergänge

★**Updates** nach Redaktionsschluss

GPS-Daten zum Download

Auf der Produktseite dieses Titels unter www.reise-know-how.de stehen die GPS-Daten aller Ortsmarken als KML-Dateien zum Download zur Verfügung.

Stadtpäne für mobile Geräte

Um die Stadtpläne auf Smartphones und Tablets nutzen zu können, empfehlen wir die App „Avenza Maps" der Firma Avenza™. Die Stadtpläne werden aus der App heraus geladen und können dann mit vielen Zusatzfunktionen genutzt werden.

Die Web-App und der Zugriff auf diese über QR-Codes sind eine freiwillige, kostenlose Zusatzleistung des Verlages. Der Verlag behält sich vor, die Bereitstellung des Angebotes und die Möglichkeit der Nutzung zeitlich und inhaltlich zu beschränken. Der Verlag übernimmt keine Garantie für das Funktionieren der Seiten und keine Haftung für Schäden, die aus dem Gebrauch der Seiten resultieren. Es besteht ferner kein Anspruch auf eine unbefristete Bereitstellung der Seiten.

Martin Schmidt

CITY|TRIP

ERFURT · WEIMAR

Nicht verpassen!

Erfurt

6 Fischmarkt [I F3]
Einer der schönsten Altstadtplätze Deutschlands mit sehenswerten Bürgerhäusern wie dem Haus zum Roten Ochsen 7 und dem Haus zum Breiten Herd 8 (s. S. 26).

11 Krämerbrücke [I F3]
Die einzige bebaute Brücke, von der aus man kein Wasser sieht! Viele reizende Läden und Cafés verlocken zum Bummeln und Verweilen (s. S. 30).

28 Michaelisstraße [I E3]
Die „steinerne Chronik" Erfurts. Hier lässt sich Stadtgeschichte hautnah erleben (s. S. 42).

32 Alte Synagoge [I F3]
Die älteste Synagoge Europas und ein Gebäude mit architektonischen Überraschungen. Hier wird der berühmte Erfurter Silberschatz ausgestellt (s. S. 45).

39 Dom St. Marien [I D4]
Das mächtige Ensemble aus Erfurter Dom und Severikirche 40 prägt das Stadtbild. Ein Besuch ist ein Muss. Von hier bietet sich ein einmaliger Panoramablick über Erfurts Zentrum (s. S. 49).

Weimar

52 Deutsches Nationaltheater [II C4]
Eine der traditionsreichsten und bekanntesten Spielstätten Deutschlands. Ein Haus voller Leben und Geschichte (s. S. 85).

59 Goethes Wohnhaus und Goethe-Nationalmuseum [II D5]
Über 50 Jahre lang weilte der große Dichter hier. Viele Räume sind im Originalzustand erhalten und erzählen vom Leben und Schaffen Goethes (s. S. 93).

63 Herzogin Anna Amalia Bibliothek [II E4]
Die Heimstatt der deutschen Literatur. Im berühmten Rokokosaal traf sich das Viergestirn der Weimarer Klassik (s. S. 96).

65 Goethes Gartenhaus [II F5]
Ein verwunschenes Häuschen im großartigen Park an der Ilm 64. In seinem Rückzugsort schuf Goethe einige seiner berühmtesten Werke (s. S. 99).

83 Bauhaus-Museum [II C2]
Der schlichte, kubistische Neubau, 2019 zum 100-Jahre-Jubiläum eröffnet, beherbergt großartige Werke aus der frühen Phase des Bauhauses (s. S. 109).

Leichte Orientierung mit dem cleveren Nummernsystem

Die Sehenswürdigkeiten sind im Text und im Kartenmaterial mit derselben **magentafarbenen ovalen Nummer** 1 markiert. Alle anderen Lokalitäten wie Geschäfte, Restaurants usw. tragen ein **Symbol und eine fortlaufende rote Nummer** (1). Die Liste aller Orte befindet sich auf Seite 140, die Zeichenerklärung auf Seite 143.